领导

成事手段

——方道◎解译

中国华侨出版社

·北京·

图书在版编目 (CIP) 数据

领导成事手段 / 方道解译 .—北京：中国华侨出
版社，2005．1（2025．4 重印）
ISBN 978-7-80120-913-9

Ⅰ．①领… Ⅱ．①方… Ⅲ．①领导方法 – 案例 Ⅳ.
① C933–2

中国版本图书馆 CIP 数据核字（2004）第 129840 号

领导成事手段

解　　译：方　道
责任编辑：唐崇杰
封面设计：胡椒书衣
经　　销：新华书店
开　　本：710 mm×1000 mm　1/16 开　　印张：12　　字数：143 千字
印　　刷：三河市富华印刷包装有限公司
版　　次：2005 年 1 月第 1 版
印　　次：2025 年 4 月第 2 次印刷
书　　号：ISBN 978-7-80120-913-9
定　　价：49.80 元

中国华侨出版社　北京市朝阳区西坝河东里 77 号楼底商 5 号　邮编：100028
发 行 部：（010）64443051　　　　　传　真：（010）64439708

如果发现印装质量问题，影响阅读，请与印刷厂联系调换。

前　言

　　怎样才能做成自己的事？这个问题说大可大，说小可小，但是这是要因人而异的。我们常困惑于眼前的各种障碍，对它们总会产生厌烦的心理，但又时时为它们所困，故有仰天长叹之感！

　　毫无疑问，成事手段就显得极为重要，它告诉人们如何获得许多增加成功率的机会，如何在绝境之处冲出一条通道，等等。在生活中，每个人都会立下自己的心愿，并想办法去实现它，这是做人的胆量和气魄。也许，每个人只能对他自己的心愿负责，而不能对他的未来预测。这种难题，不是一两个人能够左右的，是人生之常理。人生的努力过程就在于：对自己负责、对未来预测。解决这个过程的唯一方法就是：掌握成事手段！

　　本书的一个基本取向就是通过中国古代历史上的成功者，来剖析成事手段。自然，成事手段有大小、有高低，这都不能下一个死结论的。但它们却又是具有共同性的。因此，我们试图比较合理地描述它们，以便给大家带来启示。例举如下：

　　作为领导，必须大方做人，小心做事，其道理在于你不坦诚，就不会有人才来到你身边；你不善待，就没有几个人愿为你出大力。同样，你不精于做事，总是把事情弄得一团糟，就会让下属在你身上看不到成功的希望。

刘邦的领导心智是：用坦荡的心对待人才，并鼓足他们做事的勇气，同时又从细微之处抓好要做的事。

领导管理中绝不可少"严"字，因为人心的涣散往往始于过宽的松散的状况之中。因此，必要和适度的"严"可以更加说明制度的不可动摆性。诸葛亮的领导心智是：把大家都视为同等，该严则严，绝不允许出差错。

领导做事必须从"根子"上入手，不能做表面文章，不痛不痒，否则就会"治标不治本"。这种管理弊病，应当在最短的时间加以解决，绝不可疏忽大意。李世民的领导心智是：做事不能浮于表面，必须从根子上加以彻底解决，否则就会达不到应有的效果。

什么叫"切入点"，即出手就能"打"到关键处，而且可以举一反三，震慑其余。领导抓管理工作，必须找准"切入点"，以便不做则已，要做就要有好效果。朱元璋的领导心智是：提前预防可能出现的隐患，防止"小洞不补大洞吃苦。"

领导在管理过程中，要能"攻击一点，旁及其余"，即抓住一个关键，用智慧加以彻底清理干净，避免留下"夹生饭"，给日后工作带来隐患。雍正的领导心智是：从一点开始做稳、做好每一项工作，并以此为突破口攻下其它"堡垒"。

天下之事，无固定之说。凡是能够根据自己判断作出准确估算者，相信自己的能力超人一等者，都是极其可能成就大事的。相反，对自己缺乏自信者，尤其是对自己智力不能肯定者，则一事无成。毫无疑问，只会羡慕别人成功的人，最后只能在可怜的角落怨天怨地。我们希望你不是这样，而是吸取书中那些成大事者的合理之处，开拓和打造自己的人生，并有一系列自己的成事手段。

目 录

第一章
抓住关键，招招都让对手心跳

"狠"字当头是必须的 // 002

不容叛逆之徒 // 005

心该硬时就不能软 // 008

厚爱下属为人心 // 011

第二章
不严则做不出大事来

成大事必须有人才库 // 018

竖起"宽容"与"重典"两块牌子 // 020

心该硬时就不能软 // 023

进退维谷,"严"字当头 // 025

第三章
用非常手段解决"疑难症"

强化管理体制 // 030

革除弊端,重新大胆起步 // 033

施展有成效之举 // 037

重用可用之人 // 041

有典则有则 // 044

第四章
大谋划才能解决大问题

用最快的速度网罗人才 // 048

知人善任，物尽其用 // 051

两手抓："举重若轻"和"举轻若重" // 053

制定一条铁的定律 // 058

拿出驱策之力 // 061

第五章
攻击一点，旁及其余

虚假之人，不能成大事 // 064

不讲嘴上劲，而要讲实力大小 // 067

打出恩、威这两张有力的牌 // 069

安稳人心最要紧 // 071

筹划一定要得当 // 074

第六章
敬业是成大事之本

须具坐在此、想在彼的本领 // 080

惩一儆百，不容异己 // 083

不容敷衍了事 // 087

越谨慎越放心 // 090

不让漏洞露出来 // 094

第七章
以身作则，不怕别人笑话

手段要硬，并且到位 // 100

担当大任，就要有责任感 // 103

认准的事，就要大胆去做 // 107

不管谁，都不能越规 // 113

尽职尽责做好每件事 // 118

第八章
用权是为做事，而不是为谋私

掌权即用计智之表现 // 124

千万别滥用权力 // 126

洞悉全局后再出手 // 130

在其位，绝不懈怠地谋其事 // 132

规摹局势，先后缓急 // 136

第九章
一定要用好为自己办事的人

看准的人才，就委以重任 // 142

放开眼光，大量培养人才 // 145

能饶人，就饶人 // 147

一定要善待可用之人 // 148

以情动人最管用 // 151

第十章
不动声色却有震撼力

坐在背后操纵人 // 156

拿出狠招治人治心 // 161

大动作产生大效果 // 164

急需一批挽救危险的人才 // 166

第十一章
求实是最令人尊敬的品质

在关键时刻不能退缩 // 172

把决心做的事做到底 // 174

守住"谨慎"两字 // 177

恪守该恪守的一切 // 180

第一章

抓住关键，招招都让对手心跳

领导从事管理工作，绝不能眉毛胡子一把抓，而是要抓住关键，出手到位。这样才可避免做"无用功"，浪费非常宝贵的人力和物力。这是提高工作成效的绝对手段。

曹操的领导心智是：要持有冷酷之心，对敌出手毫不留情；但又要有宽厚性格，善待百姓及收揽人才。

"狠"字当头是必须的

乱世争霸，不同于治世为杰，有时它需要在同对手的斗争中用"狠"劲，甚至以残酷性来使他人感到只有屈服别无选择。这是利用心理震慑力使人屈从的一种手段。

初平四年（公元 193 年）夏天，在汉末乱世中横绝一时的董卓遇刺后，长安政府陷入纷乱，已名存实亡。关东领袖袁术，又被新兴的曹操击败，天下的秩序似乎整个颠倒过来了。陶谦认为时机到了，决心以徐州为根据地，参与争夺天下的行动。

但谨慎的陶谦仍不愿自己出面，他制造了一个傀儡政权阙宣，在他管辖下的下邳城称帝。首先他攻打已被分割的青州，并且攻占青州泰山郡的华城及贵城。陶谦接下来的目标是司隶区，因此必须先经过曹操的地盘兖州。陶谦自信实力十足，他不向曹操打招呼，就直接攻入曹操控制的兖州南端的任城。

在和袁术做了四个多月的辛苦追逐后，曹操想让军队彻底休息，所以暂时不理会陶谦的攻击，只严守几个重要地方，甚至故意让出兖州南区，让陶谦自由出入，充分显示出不愿正面对抗的姿态。等到秋天，兖州地区收成完毕，曹军粮秣充实，曹操认为该是采取行动的时候了。但他不和陶谦的远征军队正面敌对，进而采用"围魏救赵"的策略，直接攻打徐州。

由于陶谦率领主力在外，徐州守军又缺乏作战经验，很快被曹军连续攻下数十个城池。接到紧急军情的陶谦才知道中计，立刻火速赶回徐州，在军事重镇彭城（今徐州市）城北的原野布阵，准备进行一场大会战。

长期固守徐州的陶谦，既不"知己"，又不"知彼"，徐州军大多是农夫，根本不擅骑马，主力部队也是以步兵为主；相反，曹操本人最擅长指挥骑兵突击战，曹军阵营中最具有摧毁力的也便是骑兵部队。因此在平坦空旷的原野中布阵，还没开始，战争的胜败便早已决定了。

曹操的骑兵队饿虎扑羊般地冲向手持短兵器、又缺乏机动性的徐州军，徐州军遭到无比惨重的屠杀，死伤一万余人，血流成河，尸体把泗水都堵塞了。陶谦只好往东撤退到一百五十里外的郯城，徐州的领地也丧失一大半。

兴平元年（公元 194 年）春，曹操由徐州返回甄城，接到了父亲曹嵩被陶谦部将张门劫财杀害的凶耗。他发誓向陶谦报仇，夏天一到，他便编组军队，二度攻击徐州。

由于第一次东征时曹操已拥有彭城及下邳郡，为纪念遇害的父亲，曹操在这里建筑一座曹公城。他借口替父亲报仇，竟对睢陵、夏丘等郡县的徐州百姓，进行大规模屠杀，不留下一个活口，举世为之震惊。

"曹嵩事件"对陶谦而言，是哑巴吃黄连，好意成了凶事。但曹操的报复行为太过残暴，北海太守孔融及原公孙瓒盟友的刘备，也仗义前来帮助陶谦。

由于郯城的防守相当坚固，徐州人民的向心力又强，曹操第二度东征，战略上是采取彻底的包围战，他计划逐步消灭郯城外围的徐州军队，以孤立郯城内的陶谦主力部队。

经过几次的对阵，陶谦对曹军的战斗力也有相当的了解。他避免纯野战的决胜方式，而改采攻守互为犄角的方法。曹操得知徐州的布局后，很快便发现陶谦的企图及弱点。

徐州军缺乏实际作战经验，彭城会战时曹军凶猛无比的毁灭性威力，大概已将他们吓坏了。陶谦自己带主力部队躲在防守坚固的郯城，作为先锋的襄贲城及曹豹、刘备的犄角部队又力量太弱，缺乏战斗力。表面似乎积极备战，其实襄贲军及曹豹军仍是消极用来防守郯城的。换句话说，陶谦和他的徐州军都已无再战的斗志了。

因此，曹操派曹仁布阵在襄贲城外野，封锁住陶谦出城的企图，自己则亲自指挥主力军，攻击曹豹及刘备的联合部队。果然不出所料，眼见曹豹及刘备联军节节败退，陶谦的主力部队却不敢出城。曹操立即将军队调过头来，配合曹仁攻打襄贲城。

襄贲城守军看到曹豹军队溃散，士气低落，不到三天便被曹军攻破，曹操下令进行他一生中难得一见的残酷大屠杀，兵锋所到之处，血流成河，几至鸡犬不留。驻守郯城的陶谦看得心惊胆战，便下令弃守郯城，投奔扬州的丹阳郡。

曹操虽然借口报父亲及弟弟被杀之仇，而进行残酷的屠杀，其实由他吊祭父亲的诗词《善哉行》看来，父子的感情并不深，加以彼此在政治立场上不同，因此对父亲被杀的怨恨及伤心，应不致使他如此丧失理性。

曹操攻打徐州，与其说是报仇，不如说是扩充自己地盘及力量的行动。他在徐州所作的残酷屠杀，与其视为怨恨，不如看作政治上的恐怖诉求。徐州人民很少接受战争的恐怖洗礼，对陶谦的向心力较高，用这种惊吓人心的恐怖屠杀的确最容易摧毁徐州军民的士气。

公元 198 年，曹操攻下彭城后，又像当年东征陶谦一样，下令屠城，不少无辜百姓惨遭杀害。曹操之酷狠由此可见一斑。

不容叛逆之徒

如何让人服你是管人之术，也是领导之道。曹操绝不容叛逆之徒，总能做到果敢决断的收拾对手。

曹操做魏公、魏王后，内部还发生过几次规模不等的武装镇压。

建安二十三年（公元 218 年）正月，在许都爆发了一场主要由拥汉派势力策动的叛乱，参加者主要有京兆人金祎、少府耿纪、司直韦晃、太医令吉本、吉本之子吉邈和吉邈之弟吉穆等人。金祎是汉武帝时名臣金日石单之后，自以为世代都是汉朝忠臣，见魏将代汉，于是愤然自励，打算复兴汉朝。耿纪是光武帝大将耿合卉的曾孙，见曹操即将自立，也决心起兵除掉曹操。当时留守许都的是丞相府长史王必。曹操任用王必时，曾专门下过一道手令：

领长史王必，是吾当年披荆棘时吏也。忠能勤事，心如铁石，国之良吏也。蹉跌久未辟之，舍骐骥而弗乘，焉惶惶而更求哉？故教辟之，已署所宜，便以领长史统事如故。

早在建安元年（公元 196 年）以前，王必就已经在曹操军中任职，曹操因此称他为"披荆棘时吏"。后来有一段时间没有任职，所以曹操说舍弃了千里马没有骑。当时关羽强盛，威逼许都，曹操让王必留守许都，给予充分信任。有趣的是王必同金祎虽志向不同，两人私交倒还不错。吉邈、吉穆同金祎计划，挟持献帝以攻曹魏，南引关羽作为外援。各方想法不同，利害不一，计划不周，注定了必然失败的命运。

建安二十三年正月，吉穆等率闲杂人员及家童千余人夜烧王必军营，金祎又派人到王必营中充当内应。王必受到内外夹攻，仓促应战，腿部受伤，逃奔南城。天亮后，叛军见王必还在，加之受到颍川典农中郎将严匡攻击，纷纷逃散，一场叛乱很快破产。

曹操逮捕了耿纪、韦晃等人，耿纪直呼曹操其名，并说："恨我自己没有拿定主意，竟被这帮小儿所误！"韦晃则拼命叩头击脸，直至死去。耿纪、韦晃及吉本等均被屠灭三族。

十余天后，王必伤重不治而死。曹操得到报告，十分震怒，于是将在许都的朝廷百官召到邺城，让在王必军营被烧时参加救火的人站在左边，没有参加救火的人站在右边。众人以为参加救火肯定不会有罪，纷纷站到左边。谁知曹操突然宣布：

"没有参加救火的人没有帮助造反，参加救火的人都是造反的强盗！"

结果将站在左边的人通通处死。

第二年九月，当曹操西征刘备尚未回师，而关羽又在南边猛攻樊城的危急时刻，在邺城的魏讽又密谋聚众发动武装叛乱。魏讽，字子京，沛人，颇有煽惑人心的本事，在邺城名声很大，自卿相以下不少人争相与之交往，因此被相国钟繇任为西曹掾。魏讽趁曹操大军尚未返回的机会，暗中联络徒党，同时与长乐卫尉陈祎联络，企图一举袭占邺城。谁知还没等到约定的举事时间，陈祎害怕了，向留守邺城的曹丕告了密。曹丕立即采取措施，镇压了叛乱，魏讽被杀，牵连被杀的达数千人。事后，相国钟繇被免职，负责邺城治安工作的中尉杨俊被降职。曹操得到报告后叹息说：

魏讽之所以敢于谋反，是因为我的部下没有能够防止反叛的人。哪里能有像诸葛丰那样的人，让他去接替杨俊呢？

黄门侍郎刘也应被处死。但刘鄙薄魏讽的为人，曾劝陈伟不要同魏讽来往。陈群去为刘说情，曹操回答说："刘是一个名臣，我也打算赦免他。"并特地下了一道手令：叔向不坐弟虎，古之制也。特原不问。

《左传·襄公二十一年》载，晋下卿栾盈之母是晋卿范宣子的女儿，因与其家臣私通被栾盈发觉，便反诬栾盈欲危害范氏，范宣子便将栾盈赶出晋国，并杀死了栾盈的同党叔虎等人，把叔虎的哥哥叔向也关了起来。后大夫祁奚说服范宣子赦免了叔向。曹操不杀刘当然不是为了遵循什么古制，而是因为刘确曾反对魏讽，在这里表现出了一点区别对待、实事求是的精神。

文钦因曾与魏讽有联系，被抓进监狱，鞭笞数百，本应处死，曹操因其父文稷立过战功，看在其父面上，也给予了赦免。

王粲的两个儿子在这次平叛中牵连被杀。王粲于建安二十二年（公元 217 年）春病死，到这时不过两年多。曹操得知消息，感叹说："要是我在，一定不会让仲宣断了后！"这次叛乱虽然还没有来得及正式发动，但牵连被杀的人却达数千人之多，可见曹丕手段的残酷决不在曹操之下。曹操这一次多少表现出一些同情心，大约跟他不在平叛现场，态度较为冷静有关。曹丕后来根据曹操的旨意，把王粲堂兄王凯的儿子王业过继给王粲，算是给王粲延续了后嗣。

此外，在邺城还曾发生严才发动的叛乱。严才率其部属数十人攻打掖门，大司农郎中令王修得知消息，来不及准备车马，便同其部属步行赶到宫门参与平乱。曹操在铜雀台上望见，说："那个往这里赶的人一定是王叔治。"这次叛乱规模不大，很快就平息下去。

心该硬时就不能软

李宗吾认为：三国英雄，首推曹操，他的特长，全在心硬：他杀吕伯奢，杀孔融，杀杨修，杀董承、伏完，又杀皇后、皇子，悍然不顾。他明目张胆地说："宁我负人，毋人负我。"他心肠之硬，真是达于极点了。有了这样本事，当然称为一世之雄。

曹操一生杀了很多人。有的是战时所杀，有的是平时所杀，有的是依法而杀，有的是枉法而杀，有的是报复而杀，有的是为除隐患而杀。杀人的手段也各式各样，有时是公开杀的，有时是暗地杀的，有时是借他人之手而杀。在他所杀之人中，也有许多是本来不该杀，或本来可以不杀的人。因此，曹操的残忍嗜杀，无论是在当时，还是在后世，无论是对其个人，还是对其霸业，都有着不利的影响。

曹操所杀之人，轻而易举地就可以举出很多，诸如吕伯奢一家，军粮官王、太医令吉本、少府耿纪、刘氏王室势力，宠妾、歌妓、陈留人边让、沛相袁忠、沛人桓邵、许攸、娄圭、孔融、杨修等等不一而足。

曹操残忍嗜杀的不利影响，从他杀华佗、边让及孔融之事可以明显看到。如他杀了名医华佗后，不仅当时少了一位名医，而且使华佗的医著毁之一炬，失传于世。就是对其个人也深有影响，当其子曹冲病重时，竟叹息说："我不该把华佗杀了，不然，我的儿子是不会死的！"

陈宫，字公台，东郡人。性情刚直，喜与各地知名人士交往，曹操到东郡后追随曹操。曹操任兖州牧后，前九江太守陈留人边让因看不惯曹操的一些做法，在背后讥刺曹操，曹操知道后，就把边让及其家人杀掉了。边让素有才名，他的被杀在兖州士大夫中引起了强烈反响，许多人为此感到恐惧，担心有一天曹操会杀到自己头上。陈宫既为边让抱不平，也为自己的前途担忧，因此知道张邈的打算后，便极力加以怂恿说：

"您拥有十万兵众，处在一个地势平坦可以四面出击的冲要之地，抚剑四顾，足可成为人中豪杰，如今却受制于人，不是很窝囊吗？现在曹操大军东征，州里空虚，吕布是个壮士，英勇善战，如果把他请来一起管理兖州，等到时机有利时，不是可以纵横一时吗？"

张邈立即采纳了陈宫的建议。当时曹操让陈宫率兵留守东郡，张邈便派这支部队到河内把吕布请来，推吕布做了兖州牧。

后世对曹操好杀之骂名一直很盛。《曹瞒传》说曹操"持法峻刻，诸将有计画胜出己者，随以法诛之，及故人旧怨，亦皆无余。其所刑杀，辄对之垂涕嗟痛之，终无所活"。这是说曹操有妒能嫉贤之心，当然是不可信的。恐怕曹操杀人与其人生放荡不羁有关。陈寿也注意回护曹操之短，但在《三国志·魏书·崔琰传》中也说："太祖性忌，有所不堪者，鲁国孔融，南阳许攸、娄圭，皆以恃旧不虔见诛，而琰最为世所痛惜，至今冤之。"从"至今冤之"四字看，曹操杀掉崔琰是一直遭到人们非议的。曹操东征陶谦肆行杀戮，孙盛就此事评论说："夫伐罪吊民，古之令轨，罪谦之由，而残其属部，过矣。"曹操杀掉崔琰之后又削官毛，孔盛也给予了批评，说："魏武于是失政刑矣。《易》称'明折庶狱'，《传》有'举直措枉'，庶狱明则国无怨民，枉直当则民无不服，未有征青蝇之浮声，信浸润之谮诉，可以充厘四海，惟清缉熙者也。昔者汉高狱萧何，出复相之，之一责，永见摈放，二主度量，岂不残哉！"唐初王勃在《三国论》中一面尊崇曹操，说他"振威烈而清中夏，挟天子以令诸侯"，一面又指出曹操"弊于褊刻，失于猜诈，孔融、祢衡终罹其灾，孝先（毛）、季（崔琰）卒不能免"。明人谢榛更说："魏武帝《对酒歌》曰：'耄耋皆得以寿终，恩泽广及草木昆虫。'坑流兵四十余万。……予笔此数事，以为行不顾言之诚。"胡应麟还对祢衡等文士的遭遇表示了同情，说："魏武朝携壮士，夜接词人，崇奖风流，郁为正始。然一时名胜，类遭摧折，若祢衡辱为鼓吏，阮屈列琴工，刘桢减死输作，皆见遇伶优，仅保首领。文举、德祖情事稍尔相关，便婴大戮，曷尝有尺寸怜才之意！"应当说，这些评论所依据的史实有的并不准确（如说曹操"坑流兵四十余万"、"阮屈列琴工"），也不能说曹操所杀的人都不该杀，但就总体而言，对曹操的批评是击中了要害的。

西晋的陆机在他的《辩亡论》中说："曹氏虽功济诸华，虐也深矣，其民怨矣。"刘知己《史通·探赜篇》中也说曹操"贼杀母后，幽迫主上，罪百田常，祸千王莽"。

曹操杀人太多，有的是不该杀的也杀了，最突出的就是为父报仇，东征徐州时，把无辜的老百姓也杀了不少。他性格中有残忍忌刻的一面，特别是到了大权在握的晚年，把对他特别有功的荀彧和崔琰也置于死地，凭一时好恶把医学家华佗也给杀了。

厚爱下属为人心

关注百姓为治政之重要方面，失去此点，一切皆败。曹操不仅能通过坦诚与权诈的互用而使他的集团为他所制，而且还能通过宽厚与刻薄的同行来征服天下的人心，此为厚爱之心。

与坦诚相联系，曹操的性格作风中还有宽厚的一面。同情人民苦难，希望为解除人民苦难做一些工作，这是曹操宽厚性格的一个重要组成部分。有时候，曹操还能"破例"给予百姓一点"优惠"。建安十年（公元 205 年）正月，曹操攻打袁谭，从水路运送军粮。这时河道都已结冰，曹操于是下令，召集百姓服役破冰。百姓不肯服役，纷纷逃亡，曹操于是又下了一道命令，凡逃亡被抓获者，不准免除死罪。不久，有的逃亡者前来军门自首，曹操动了恻隐之心，说：

"如果听凭你们逍遥法外，势必有违我的命令。如果杀了你们，又等于杀了自动前来认罪的人。这样吧，你们回去好好藏起来，不要让官吏抓到你们。"

这些百姓很受感动，流着眼泪走了。但不巧的是，他们后来还是被官吏捉住处死了。

对于前来投奔的人，曹操一般都采取了比较宽容的态度，陈琳、张绣都是这方面十分突出的例子。刘备曾先后两次投奔曹操，虽然都不过是"勉从虎穴暂栖身"的权宜之计，曹操也并非没有看出这一点，但他却能自始至终给予厚待，可以说是恩礼有加。其谋士不止一次劝曹操剪除刘备，以绝后患，都被曹操拒绝了。虎将关羽被曹操捉住后，曹操同样礼之甚厚。得知关羽肯定要离开自己的消息后，仍然厚加赏赐。关羽逃走，诸将要求前去追击，曹操也没有同意。

如袁尚被公孙康杀后，首级送来邺城，曹操同样下了一道命令：三军敢有哭之者斩。但田畴因曾被袁尚征召，于是前往吊祭，曹操并不过问。桓招也怀着悲戚前去设祭，曹操也不予追究，相反还推举他做了茂才。

孔融被杀后，许多原来与他交好的人都不敢前去吊唁，只有脂习去了，抚摸着孔融的尸身哭着说："文举，你舍我而死，我今后能同谁去说知心话呢？"曹操听说后，下令将脂习逮捕，但转念一想又下令把他放了。脂习后来见到曹操，向曹操表示认错，曹操喊着他的字说：

"元升，你倒是一个慷慨多情的人！"

不仅不再提起旧事加以责备，相反还问脂习住在哪里，得知脂习刚搬了一个新住处，于是派人给他送去了一百斛谷子。

对于部属的某些失误，曹操有时也能给予体谅。冀州平定后，曹操派朱灵率新兵五千、战骑千匹往驻许南，途中中郎将程昂反叛，朱灵斩杀程昂后，向曹操报告，表示自责和痛心。曹操给他写了一封回信：

兵中所以为危险者，外对敌国，内有奸谋不测之变。昔邓禹中分光武军西行，而有宗歆、冯之难，后将二十四骑还洛阳。禹岂以是减损哉！来书恳恻，多引咎过，未必如所云。

主光武帝刘秀派大将邓禹率精兵二万去镇压赤眉农民起义军。其部将宗歆、冯忄音为争夺军权，互相攻杀，冯忄音杀了宗歆后又攻邓禹，结果邓禹被赤眉军战败，只带了二十四骑回到宜阳（曹操误作"洛阳"），但刘秀对他仍予信任和重用。曹操以此为例，一面阐述了"兵中所以为危险者，外对敌国，内有奸谋不测之变"这一军事原则，同时也对朱灵进行了抚慰和激励。

一个政治家，如果鼠目寸光，鸡肠小肚，不能容人，那是绝对办不成大事的。曹操对这一点是非常清楚的，特别是在他开创事业的初期，更特别注意这一点。他总是力图树立起诚信宽厚的形象，来赢得天下舆论的同情、理解和赞许，以不断壮大自己的势力。在那个君择臣、臣亦择君的动乱年代，曹操这么做，是取得了明显的效果的。

曹操南征孙权，让徐奕任丞相府长史，留守邺城。行前对他说：

您的忠诚正直，即使是古人也没法超过的，但稍嫌严厉了一些。以前西门豹性急，故佩上柔韧的皮绳以对自己加以警戒。能够以柔弱制刚强，这点我寄希望于您了！

可见，曹操是颇懂得宽严相济的道理的。他的宽厚待人，不排除有真诚的成分，但从根本上说，是出于其政治上的考虑。

政治家杀人是为了立威，这也是最通常的不二法门。曹操不仅能根据政治的需要而行宽厚，还能根据需要而不避刻薄与残酷。他性格中的多疑猜忌、刻薄寡恩、阴狠残酷的一面，早年就有表现；在他的事业已经有了相当的基础和规模，自己的统治地位已经稳固的晚年，表现得就更为突出。曹操不能容忍一些人，必欲除之而后快。这些人中，有的是政治上的反对派，有的是反叛他的人，有的是不称自己心意的人，有的是对他可能构成某种威胁或造成不好影响的人。

如对敢于反叛的人，曹操采取格杀勿论的政策，并往往枉杀无辜；想要阴谋除掉他的人，他必以牙还牙，同刘氏王室势力的几次较量都是如此；曹操还有强烈的复仇之心，其父曹嵩避乱琅王牙琊，被徐州刺史陶谦的部下所杀，曹操立即率军东征血洗徐州，就是一个典型的例子。曹操不放过仇人，甚至连仇人的后代也不放过，曹操年轻时，沛国名士刘阳见他有雄才，怕他将来危害朝廷，打算将他除掉，但一直未能找到机会。不久刘阳死去。曹操显贵后，下令搜捕刘阳的儿子，风声很紧，刘阳的儿子十分惶恐，无处逃奔，亲戚朋友虽多，却没有一个敢收容他，王朗年轻时同刘阳有交情，于是把刘阳的儿子藏在家中多时，这期间多次找曹操说情，过了很长时间，曹操才赦免了刘阳的儿子。

另外，曹操对反对自己意旨甚至仅仅是不合自己心意的言行，往往也抱不能容忍的态度，坚决予以严惩。西曹令史王思向曹操报告情况，因不合曹操心意，曹操差点将他处死。曹操有一次睡午觉，睡前对他的一个宠妾说："一会儿就叫醒我！"这个妾后来见曹操睡得香甜，没有及时叫醒他。曹操醒后大为恼怒，命人将这个宠妾棒杀而死。举世共知的一代名医华佗被曹操杀害也是属于这种情况。

对那些因为恃才傲物居功自傲，而把曹操得罪了的人，曹操有时也不能宽容。陈留人边让，博学有辩才，曾著《章华台赋》传诵一时。大将军何进特予征召，蔡邕、孔融、王朗都非常推崇他。曹操做兖州牧时，边让自负才气，看不起曹操，说了很多轻侮曹操的话，曹操不能容忍，于是借边让同乡诬陷边让的机会，让太守士燮把边让全家捕杀了。

沛相袁忠和沛人桓邵也看不起曹操，边让被杀后，两人逃往交州避难，曹操却把他们的家人全杀了。后来桓邵自首，在曹操面前下跪求饶，曹操却恶狠狠地说：

"跑就可以免死吗？"

仍把桓邵推出杀了。

据说有一个歌妓也是因类似的原因而被曹操杀的。这个歌妓声音很好，演唱起来清脆悦耳，特别动人，但就是脾气很坏。曹操想杀掉她，却又舍不得她的歌喉；想留下她，又实在忍受不了她的脾气。曹操于是想出一个办法：他同时挑选了一百名少女，进行歌唱训练，希望能从中发现高水平的人才。不久，果然发现其中有一个达到了这个歌妓的演唱水平，曹操于是将这个歌妓杀掉了。

总之，曹操的忌刻、多疑、残忍的霸王本性在他待人的问题上有着充分的体现。

钟惺说："曹公心肠，较司马懿光明些。"又说："惨刻处惨刻，厚道处厚道，各不相仿，各不相讳，而又皆出于不假，所以为英雄。"

认为曹操同时兼具"惨刻"和"厚道"两种品质，就总体而言，曹操的心肠是比同为英雄和奸雄的司马懿"光明些"的。此外，谭元春在评曹操《蒿里行》时说"生民百遗一，念之断人肠，吟者察之。"吴淇在评曹操《短歌行》时说："从来真英雄，虽极刻薄，亦定有几分吉凶与民同患意；思其与天下贤才交游，一定有一段缱绻体恤情怀。观魏武此作，及后《苦寒行》，何等深，何等真。所以当时豪杰，乐为之用，乐为之死。今人但指魏武杀孔融、杨修辈，以为惨刻极矣，不知其有厚道在。"也同钟惺一样，能够比较全面地看待曹操，揭示了曹操品格和性格的多重复杂性。

正因为曹操这种坦诚与权诈互用，宽厚与刻薄双行的性格与作风，所以使人们很难识其真面目，也很难评定他是诚是奸，是仁是恶。曹操就是这样的匪夷所思，一生待人对事给人一种虚实难辨，真假莫测的感觉，也许这就是真正意义上的曹操。

第二章

不严则做不出大事来

领导管理中绝不可少"严"字，因为人心的涣散往往始于过宽的松散的状况之中。因此，必要和适度的"严"可以更加说明制度的不可动摆性。

诸葛亮的领导心智是：把大家都视为同等，该严则严，绝不允许出差错。

成大事必须有人才库

没有人才，就如同做米饭没有米一样，烧火没有炭一样，口渴的时候没有水一样。对善于成大事的人而言，人才就是一个宝库。因此，广揽人才，选贤任能，是成就事业的杰出人物的共同点。

诸葛亮也不例外，他有一个庞大的僚属队伍，据统计如下：（一）蜀地人士，计二十八人；（二）荆州人士，计二十八人；（三）其他人士，十人。

诸葛亮选拔录用如此多的各地各部的人士，并且有不少人还被授以高位要职，这足以说明他重视人才，广任人才。

由于诸葛亮对人才的重视，和他的不拘一格揽人才，一批新人从下级官吏中脱颖而出。这在他辅政期间，其例是举不胜举的。

蒋琬，字公琰，他少年时即以才德知名。随刘备入蜀，任广都（今四川双流）县长。蒋琬怀才不遇，感到委屈，便"众事不理，时又沉醉"。时常借酒消愁，懒于理事。刘备出巡察觉，大怒，准备治以重罪，诸葛亮深知这是用人不当造成的，便劝刘备收回成命，说："蒋琬，社稷之器，非百里之才也。其为政以安民为本，不以修饰为先，愿主公重加察之。"诸葛亮认为，蒋琬是治理国家大事的人才，并不是那种只能治理百里小县的人；他施政以安定民心为本，不把表面装饰放在前面。经诸葛亮的请求，刘备只免了蒋琬的官，没有将他处死。

　　不久，诸葛亮设立丞相府署，任用属官时，立即起用蒋琬。最初，他任蒋琬为丞相府东曹掾，继而举茂才，拜参军。后又授以丞相府长史一职，加抚军将军，使蒋琬位居群僚之首。北伐期间，诸葛亮以蒋琬留守成都，统领丞相府事务，放手让他代替自己处理后方的各种事务。史称："（诸葛）亮数外出，（蒋）琬足食足兵以相供给。"蒋琬在成都尽心尽职，保证了北伐蜀军所需的物资和兵源，显示出非凡的才能。经过多年的考察和培养，诸葛亮看到蒋琬是一个"托志忠雅，当与吾（诸葛亮）共赞王业"的贤才，临终时密表后主刘禅说："臣若不幸，后事宜以付琬。"向刘禅推荐，让蒋琬作自己的继承人，任丞相主持国事。

　　诸葛亮临终时，向朝廷推荐了两任丞相继承人，除了蒋琬外，还有一位是费祎。费祎。字文伟，原本是年幼官卑的新人，但"识悟过人"。诸葛亮发现他德才兼备，南征归来时，在众多的迎候臣僚中，"特命（费）祎同载，由是众人莫不易观。"迎候的百官的年龄和官位大多在费祎之上，而诸葛亮只让费祎与他同乘一辆车，从此众人对费祎另眼相看。对年轻人仅仅表示器重是不够的，重要的是培养和使用。在费祎引起人注意之后，诸葛亮便对他一步步加以培养。"亮以初从南归，以祎为昭信校尉使吴"。费祎奉命出使到江东，在吴国君臣"才博果辩，论难锋至"的舌战中，他"辞顺义笃，据理以答，终不能屈。"始终不为对方的诘难所压倒。孙权不由得称赞说："您是天下有美德的人，必定能成为蜀国朝廷的栋梁大臣，恐怕以后不会常来吴国了。"表示了对费祎才德的敬重，认为他将会成为蜀国重臣。费祎回蜀，果然升为侍中。诸葛亮北伐时，费祎先任参军，后升任中护军、司马等职。经过多年的培养和任用，费祎成为诸葛亮建议接替蒋琬主持国事的又一位贤才。

特别值得称道的是，诸葛亮不仅注重人才，敢于破格录用一批新人，而且还着意培养了一批新人。这就避免了在他死后出现后继无人的问题。蒋琬、费祎、姜维，就是诸葛亮启用的三位新秀，也是他一手培养的文、武方面的继承人。他们三人的成才过程，突出地表现了诸葛亮对培养人才的重视和在培养新人方面所花费的心血。

竖起"宽容"与"重典"两块牌子

你对别人不宽容，别人就对你斤斤计较；你打别人一耳光，别人就想揍你一拳头。这个通俗的道理用到治人上，给人以很大的启示。诸葛亮善于竖起"宽容"与"重典"两块牌子，目的何在？

刚出山不久的诸葛亮，面对法令废弛、特权横行的益州，新官上任，便厉行法治，以彻底整顿其混乱局面。

他特别强调治实不治名，由实际情况的应对出发，讲求实效。

益州最严重的问题是官僚及地方豪强勾结，鱼肉百姓，农民和官府间矛盾愈演愈烈，虽然号称天府之国，其实创造的财富，都让官僚及豪强剥削，农民生活非常艰困。

蜀地在刘备入主之前，刘焉、刘璋父子主持州事期间，律令残缺，豪门大姓徇情枉法，"士大夫多挟其财势，凌辱小民"，因此，诸葛亮辅政治蜀，把"立法施度"、厉行法治作为当务之急。

实行法治，首先必须立法。诸葛亮召集法正、刘巴、李严、伊籍等人共同制定出了法典——《蜀科》，一套完整法律确立了。从此全国上下有法可依。他还亲自著《法检》两卷，《军令》两卷，以训励各级官吏将士。可惜这些科条律令都遗失殆尽。从残存的部分条目来看，其规定是非常具体和严格的。例如，他制定的《八务》、《七戒》、《六恐》、《五惧》等条规，把哪些是务必要做到的，哪些是应当引以为戒的，都一一列出，让文臣武将随时保持警惕，有所戒惧，使他们能够廉洁奉公，恪尽职守。

这些律令的制定和陆续颁布，改善了益州原来律令不全、规章混乱状况。那些"专权自恣"的豪强的不法行为受到限制，不能再胡作非为，就"咸怀怨叹"，指责"（诸葛）亮刑法峻急"。

由于诸葛亮不顾颜面地打击特权，使益州地区的官僚感到吃不消，他们开始指责诸葛亮"刑法峻急"，而不"广德量力"，纷纷要求他"缓刑弛禁"。被派作代表和诸葛亮交涉的，便是深为刘备敬重的益州太老法正。

法正当时已是蜀郡太守，也是成都地方豪强之首，他对诸葛亮说："以前高祖进入关中时，除秦国之苛法，约法三章，宽禁省刑。关中之老百姓，无不感念他的恩德。如今我们刚用武力占据益州，还没有垂恩德于地方，便先滥用权威，强加压制，这是否得当呢？希望日后的执政，能够刑少禁缓，以争取地方人士对我们的支持和信心"。

诸葛亮却笑着回答道：

"先生只知其一，不知其二，秦以暴政虐民，逼得人民不得不造反，汉高祖针对此一弊病，采取宽刑弛禁的策略，这是对的。

　　"但益州的情况则不大相同，刘璋暗弱，没有能力控制官僚及豪强，以致从刘焉以来便德政不举，威刑不肃，从地方豪强到政府官僚，均专横跋扈，为所欲为，君臣之道，也逐渐被破坏。

　　"对这些强悍的特权，过去刘璋总是宠爱他们，给予他们高位。官位高了，他们反而不觉得可贵；顺从他们，施以恩惠，恩惠到顶了，他们反而轻慢无礼。这才是益州目前最大的弊病。

　　"现在我们威之以法，让法令行于此后，人们才能知道什么是恩德；限制爵位，爵加之后，人们才能感受到爵位的尊荣；刑法和恩赐相辅而行，上下程序正常，政治才能清明。"

　　秦国是以军事恐怖主义完成统一的，却也和各诸侯国产生不少仇恨，为压制反抗，故以严刑峻法控制之。诸葛亮认为秦国在于权力不被认同，却又强加压制，以至于大乱。治理这种国家，最重要是在争取共识，让权力得到更多的承认，所以汉高祖会以宽厚的态度作更多的包容。

　　但益州的情况则大不相同，刘璋政权荒废政事，蜀国法令不彰，因而权力不被尊重，执法官僚怠惰成习，造成特权横行，权力不张，老百姓反而遭到剥削，因此必须用严刑峻法来整顿官僚的行为，以重建权力的威信。

　　严格来讲，汉高祖入关时的天下局势，才能称之为乱世，诸葛亮入蜀时的益州的政局，应称为弛世。"弛世"是权力不被尊重，官僚荒怠，民众玩法，必须以重典来整顿之。"乱世"是权力不被认同，彼此各持不同立场，争执不休，这时最重要的是以宽容的策略来争取共识。

心该硬时就不能软

　　做事情硬的时候一定要硬，决不能留一手，有时候留一手会造成很大的伤害，真可谓小洞不补，大洞吃苦。诸葛亮深知其道，在该硬的时候则要硬，不给人面子，因为他懂得做事情要防患于未然。

----

　　1. 私不乱公，邪不干政

　　千里之堤，溃于蚁穴。诸葛亮主张私不乱公，邪不干政。这样，就存在着一个罢免官员的问题。怎样罢免？诸葛亮认为，罢免官员，务必知道老百姓所苦恼的事情。这苦恼的事情常有五种：

　　一、小吏假公济私，以权谋私，左手拿戈矛，右手捞钱财；在内侵占公物，在外搜刮民财。

　　二、执法者执法不能一视同仁，让无罪之人蒙受不白之冤，使重罪之人逃脱法网。扶强惩弱，严刑逼供，不断制造冤假错案。

　　三、长官放纵犯罪的部下，诬陷上诉申告的百姓，隐藏真情，敲诈勒索，软硬兼施，害死人命，致使冤情得不到昭雪。

　　四、长官不断更换，副官掌握大权，徇私舞弊，袒护包庇亲朋，压制诬害异己，行事专横无礼，逾规越法，征收赋税时广泛摊派，从中渔利，攀附权贵，劳民伤财，谎说储备而鲸吞之。

　　五、拿官职作交易，谋求私利；对于赏赐的费用，多加减裁，使部下不能尽心尽力。

　　对于犯有上述"五事"中之一事者，当严惩不贷。如此，国家政治方可清明，领导队伍方可纯洁，社会长治久安就不会是梦想了！

2. 拨乱反正

诸葛亮治国，极富远见。他深知一个国家就像一辆大马车；一国之君就像驾车的车把式，车把式稍有不慎，大车就会不照正路走，就有颠覆翻倒的危险。

一旦遇有这种危险，该怎样把这"车"赶上正道呢？

诸葛亮曾提出了拨乱反正的几个方针。

（1）应减省官员，合并职务，给臃肿的政府机构"减肥"，除浮华之气，而倡朴质之风。

（2）遵循"没有规矩，不成方圆"的原则。方不失矩，本不失末，当权者将治政的根本规则牢牢抱住，则万事可成，其功可呆。

（3）理顺社会关系，整顿社会秩序。王朝因腐败而出现祸乱，天下百姓就有人乘浑水摸鱼，违法乱纪，胡作非为。收拾烂摊子，就得拿这些人开口，然后使天下百姓各安其位，各守其份，安居乐业。

（4）稳住军队。军队发生变乱，则天下纷争，强者称雄，各拉各的人马，各打各的旗帜，各占各的地盘。于是，天下就会四分五裂，就会发生大鱼吃小鱼，小鱼吃虾米的争斗，就会闹得不可开交。所以国家有乱，作为君主，千万要握紧大权，不可使军队各敲各的鼓，各吹各的号。

（5）整顿、治理要循序渐进。明君治政，当首治纲纪。然后，先治理内部，再整顿外部；先治理根本，再整理末端；先治理强者，再整理弱者；先治理大的，再整理小的；先治理自身，再整理别人。这样，抓好了纲，就使法纪伸张；治理好了法令，就使刑罚得以实行；抓好了跟前的事，就使远处的迎刃而解；治理好了根本，就使末节之事通达无偏；治理好了强者，就使弱者顺服；治理好大的，就使小的得以发展；治理好了上边，就使下面的正直；治理好了自身，就使别人恭敬。

诸葛亮的这些措施，收到了良好的效果。

进退维谷，"严"字当头

大家都读过《三国演义》，都知道进退之术在战争中的运用，同样在为人处世方面，这种进退术也是不可缺少的，甚至比战场更需要，因为人与人之间的不安全因素往往都是潜在的。编纂《四库全书》，历时十几年，纪晓岚明白，他犹如独木桥上的一辆独轮车，脚下就是万丈深渊，在这进退维谷的十几年，纪晓岚只有谨小慎微，事必躬亲，"严"字把关。

乾隆皇帝为显示自己的高明，赏罚往往出自意外。在编纂《四库全书》的十几年岁月里，纪晓岚时刻感到他的头上悬着一把剑，他随时有可能成为冤鬼。因为乾隆帝完全按自己的"意旨"行事，大臣们想揣测也很难。

乾隆四十二年十月，乾隆就纪晓岚等人所进呈宋人李荐《济南集》中《咏凤凰台》诗中直呼汉武帝其名的问题，大为光火，谕旨责饬纪晓岚说："秦始皇焚书坑儒，其酷虐不可枚举，号为无道，秦后之人深恶痛绝，因而显斥其名，尚为不可……至汉武帝在汉室尚为振作有为之主，且兴贤用能，独持纲纪，虽黩武惑溺神仙，乃其小疵，岂得直书其名，与秦政曹丕并论乎？"要求立即改正。

本来，在修书进程中，禁毁书就是一个十分敏感的话题。现在，乾隆居然指责纪晓岚将汉武帝列入秦皇一列，是显存不公，讥讽"秦火"之事。这一惊非同小可，纪晓岚有点一朝被蛇咬十年怕井绳的感觉，甚至可改可不改的他也改，在疑似但他学会了"严"字诀。

作为总纂官，纪晓岚的日子的确不好过。由于当时清王朝是少数民族建立的，乾隆帝对"夷狄"之类字眼十分敏感，单这方面的文字狱就有几百起之多。纪晓岚对此十分小心，当他发现《四库全书》中仍有"夷狄"字样时，便小心翼翼地改正。谁知，这又惹得乾隆大为恼火。

同年十一月十四日，乾隆在上谕中说：

昨日披览四库全书馆所进《宗泽集》内将"夷"字改为"彝"字，"狄"改成"敌"字，昨阅杨继盛集内改写亦然，而此两集内又有不改者，殊不可解。"夷狄"二字屡见于经书，若有心改易，转为非理。如《论语》"夷狄之有君"，《孟子》"东夷西夷"，又岂能改易！ 亦何必改易！宗泽所指系金人，杨继盛所指系谙达，何所用其避讳耶？

皇帝要求将类似问题加以纠正。吏部承旨，要严议纪晓岚之罪，乾隆还是网开一面，特批免罪。

然而，常在河边走，怎能不湿鞋？乾隆五十二年纪晓岚又犯了同样问题。是年三月十九日上谕说："李清所撰《诸史同异录》书内称我朝世祖章皇帝与明崇祯四事相同，荒诞不经，阅之殊甚骇异。李清系明季职官，当明社沦亡，不能捐躯殉节，在本朝食毛践土已阅多年，乃敢妄逞臆说，任意比拟，设其人尚在，必当立正刑诛，用彰宪典……该总纂总校等即应详加查阅，奏明销毁，何以仅从删节，仍留其底本？"结果又是将纪晓岚严加议处。

同年五月，乾隆偶然翻阅文津阁《四库全书》，发现其中讹谬甚多，即要求对文渊、文源、文津三阁书进行校对。经过重校，确实发现很多错误，乾隆大为不满，六月初三日上谕指责说："文津阁所贮《尚书古文疏证》内有引用钱谦益、李清之说，从前校订时何以并未删去？著将原书发交彭元瑞、纪昀阅看。此系纪昀原办，终难辞咎，与彭元瑞无涉。著彭元瑞、纪昀会同删改换篇，令纪昀自行赔写，并将文渊、文源两阁所藏一体改缮。"

在此情况下，六月十二日，纪晓岚"奏请将《尚书古文疏证》内各条遵照删改，陆续赔写，并请将文渊阁所贮明季国初史部、集部及子部之小说杂记诸书自认通行校勘，凡有违碍，即行修改。"明清鼎革即改换朝代，在乾隆时是十分敏感的事。纪晓岚愿意将所有明末清初的相关书籍通查一遍，无疑是变被动为主动，让乾隆帝无话可说。但乾隆"得理"不饶人，次日，乾隆一方面对四库编校工作进行指责，另一方面对纪昀的不满逐步升级："阎若璩《古文尚书疏证》一书，有引李清、钱谦益诸说，未经删削，并《黄庭坚集》诗注有连篇累页空白未填者，实属草率已极，使纪昀一人独任其咎，转令现在派出之大小各员分任其劳，实不足以昭公允。"结果，三阁改装费由纪晓岚和总纂官陆锡熊分摊，江南三阁则由总校陆费墀负担。后来陆费墀因此被革职，忧郁而死，家产仍被查抄；陆锡熊则死在前往东北校书的路上，与他俩人相比，纪晓岚还算是个幸运者。

杯弓蛇影，纪晓岚随即列出有问题的明末清初之间的书数十种。如《国史考异》、《十六家词》、朱彝尊《曝书亭集》、吴伟业《绥寇纪略》、陈鼎《东林列传》等都被指出有问题。但乾隆又倒打一耙，说纪晓岚所指吴绮《林蕙堂集》、叶方蔼《读书斋偶存集》、王士祯《精华录》内"秋柳诗"、查慎行《敬业堂集》内"殿庭草"绝句等并不违碍，又谕令"照常收入"，这确令纪晓岚左右为难。

对于纪晓岚列出十余种书请查禁之事，时任军机章京的管世铭颇有微词，曾作诗说：

语关新故禁销宜，平地吹毛赖护持。

辨雪仍登天禄阁，三家诗草一家词。

自注说："丁未春，大宗伯某掎摭王渔洋、朱竹垞、查他山三家诗及吴园次长短句内语疵，奏请毁禁，事下机庭，时余甫内直，照例抽毁，其渔洋《秋柳》七律及他山《宫中草》绝句、园次词语意均无违碍。当路颇韪其议。奏上，报可。"

这是时人仅存的对纪晓岚修《四库全书》时的"指责"，这里是说纪晓岚做得过分。岂不知，如果纪晓岚稍有疏忽，可能他就会被罗织一个罪名，身首异处了。

第三章

用非常手段解决"疑难症"

毫无疑问，在领导过程中，总会碰到一些"疑难症"，你不解决它们，管理工作就会陷入泥潭。当然，这就需要用"非常手段"加以应对，绝不可有半点松懈。

李渊的领导心智是：不做不痛不痒的事，要有非常手段彻底解决大小事情。

强化管理体制

管理体制直接关系到工作成效。李渊作为隋朝官僚贵族集团中的一员，对于隋朝的官僚行政体系自然非常熟悉，于是唐朝的职官制度基本沿袭隋朝，李渊本人主要做了恢复封建国家机器正常运转的工作。

唐承隋制，隋朝制度又渊源于北周。建立北周的宇文泰在许多方面都刻意仿古，在中央政权建设上就仿效《周礼》中的"六官"之制而设"三公"、"三孤"、"六卿"和上中下大夫，上中下士之官。其中《周礼》中的"六官"，即辅佐天子治国制典的"天官冢宰"，掌管地图疆域和教化臣民的"地官司徒"，掌管祭祀礼节的"春官宗伯"，掌管行政部门的"夏官司马"掌管司法刑名的"秋官司寇"，掌管宫室建设的"冬官司空"，对于隋朝中央机构三省六部的出现，有极大的启发意义，对于熟悉隋朝制度的李渊来说，自然会有极大的影响。

隋文帝制定的隋朝中枢官制，比秦汉以来历代中枢官制都更为细密完整。概括而言，隋朝中枢实际有五个"省"，其中尚书省、门下省、内史省与国家行政关系密切，所以并称三省。至于秘书省和内侍省主要为皇帝个人和家族服务，所以在中国传统史学家的著作中常常忽略不提。

尚书省掌管一切政令，长官为尚书令和左、右仆射，下属吏、礼、兵、都官、度支、工这六个部。各部长官称“尚书”，尚书令、左、右仆射加上六部尚书统称“八座”。每部尚书下设侍郎若干人分别掌管各曹之事，六部共设二十四曹，有三十六个侍郎供职。侍郎一般都掌握一司之职，与后代的尚书副手不、同。各部主管的内容分工明确，吏部主官吏的任命升迁考绩，礼部主国家礼仪、庆典、科举考试、臣民教化，兵部主军队后勤供应及配合各军事机构的调配工作，都官部主司法刑名，度支部主户口财赋，工部主国家大型工程建设。为此，尚书省已经是一个机构完整的中枢政务部门。

门下省是对施政方案和具体执行过程中进行监督，并且随时提出修正意见的部门，在级别上与尚书省相差无几。长官为纳言，下属有给事黄门侍郎、散骑常侍、谏议大夫等官，还兼辖城门、尚食、尚药、符玺、御府、殿内六局。

内史省是协助皇帝制订治国方略和施政方案的机构，长官称内史监，下属官员有内史令、侍郎等。

秘书省掌图书、档案工作，长官为秘书监，下属秘书丞、秘书郎、校书郎、正字、领著作曹、太史曹等。内侍省是掌管宫廷内部事务的机构，各级机构都由宦官担任，长官有内侍、内常侍、内给事等。一方面可以为皇帝传递朝中信息，另一方面管理与宫廷生活有关的各机构，领内尚食，掖廷、宫卫、奚宫、内仆、内府等局。

除了“五省”之外，隋朝中枢还设有专门用来纠察百官的御史台，长官为御史大夫，下属治书侍御史、侍御史、殿前侍御史、监察御史等官。另有主管水利事业的都水台，长官为都水使者，下属都水丞、参军、河堤谒者等官。御史台和都水台并称“二台”。

五省二台之外另设有“九寺”，类似秦代的九卿，计为：太常、光禄、卫尉、宗正、太仆、大理、鸿胪、司农、太府。各寺均有卿、少卿、丞、主簿等官，不过因为中央政事多由三省六部官员承担，所以九寺的权力和级别都较秦汉时低。

九寺之外还有国子寺，掌管中央的学校教育，有祭酒、博士、助教等官，下辖国子学、太学、四门学、书算学等部门。

李渊建立唐朝，对传统政治体制只能是恢复修补，绝对不可能自行其是地重来，为此，唐朝的官制完全是在隋朝制度的基础上建立。李渊建立的唐朝官僚体系和政治体制是依据隋朝旧制而定，不过还是做了一点改动，如把隋朝的中枢五省改为六省，又在武德三年（公元 620 年）将门下省的长官纳言改为侍中，将内史省改名中书省，其长官也从内史令更名中书令，其下属给事郎改名给事中。

李渊建立的中枢机构虽然号称六省，实际仍然是由尚书、中书、门下三省掌握主要行政权力，而且仍然是由中书省制策，门下省审议，尚书省执行，尚书省的执行部门仍然分为六部。所以，唐朝的中枢机构仍然被称为三省六部。

唐朝中枢的尚书省负责典领百官，尚书令由李世民担任。由于后来李世民做了皇帝，尚书令这个职务再不授予他人，尚书省的长官改为由左、右仆射担任。辅佐左、右仆射的官员是左、右丞各一人。尚书省下辖吏、民、礼、兵、刑、工六部，六部长官为尚书，下属侍郎、郎中、员外郎、主事等官。部下有司，每部四司，如吏部分设吏部司、司封司、司勋司、考功司、六部共二十四司，各司长官为郎中，员外郎为辅佐官。六部基本行使主要政府职能，为此，尚书省具有宰相府的性质。

门下省具有参与中枢决策的权力，与尚书省几乎有着同样的地位。长官为门下侍中二人，副手是门下侍郎，再下设有左散骑常侍、左谏议大夫、给事中、左补阙、左拾遗等官。

中书省在名义上是辅佐皇帝掌握行政权力的机构，因此也具有宰相的地位。中书省设中书令二人，副手是中书侍郎，可以参议朝政，再下有中书舍人，任务是"掌侍禁奏，参议表彰"。再下有右散骑常侍、右谏议大夫、右补阙、右拾遗等官。从李渊把每个省的长官都定为二人，谏官也分为左右两大体系，说明他有一整套驾驭臣下的办法，使得左右相互牵制，最后都必须听命于皇帝。

秘书省有秘书监、少监、丞等官，任务与隋朝相同，掌管经籍图书。殿中省的殿中监、少监等官，主要掌管皇帝的衣服、日常用品，也兼管皇帝日常生活。内侍省以宦官为首，主管宫廷内部事务。至于御史台、国子学、九寺和隋朝的情况几乎没有什么差别。

李渊还建立了一整套地方官体系。地方分州、县两级，州设刺史，为一州之长、下属别驾、长史、司马、录事参军、各曹军事等官。县设县令，负责地方行政、刑狱各方面事务。

从唐初官制设立情况看，李渊在行政制度方面确实是颇为精通的政治家，他继承了隋朝的全部行政体系，又在强化中央集权方面进行了许多修补性工作，一方面保证了行政效率，另一方面又保证了对政权的严密控制，他作为大唐王朝的开创者是当之无愧的。

革除弊端，重新大胆起步

为政之败在于策略之败。李渊认为，要想奠定自己的实力，必须革除前朝弊端，重新开始起步，推行新政。

从开皇元年（561），隋文帝代北周称帝到仁寿四年（604）随文帝死，共24年的时间。在这24年里，隋文帝实行了一系列的改革措施，如职官制度、选拔人才的制度、政权组织机构，兵制、刑法以及田制、赋役制度等，都有程度不同的改革与发展。这些改革与发展，当然是有利于统一国家的巩固与富强的。但是，自隋炀帝即位以后，形势的发展急转直下，正在发展、完备的各种制度又遭破坏了。隋炀帝开运河，修长城，建东都，进攻高丽等等，使兵制、田制、赋役制等均遭到破坏；农民起义的迅速发展，摧毁了整个国家机器，中止了各种制度的发展，更谈不上再继续完备了。李渊就是在这样时代背景下走上历史舞台的。因此我们认为，如果说隋到唐前期是中国古代史的第二个高潮，那么，隋炀帝的倒行逆施就是中断了这个高潮，高祖建唐，正是恢复发展第二个高潮的开始。因此，如果说李渊起了拨乱反正的作用，是合情合理的。

李渊认为，刘邦"拨乱反正"，纠正了秦的错误，从而出现了汉初的繁荣；他又"拨乱反正"，纠正了隋的错误，要使唐朝富强。姜谟说："唐公有霸王之才，必为拨乱为主。"但在旧的史籍中称颂李世民"拨乱反正"者不少，而赞扬李渊"拨乱反正"者却是凤毛麟角。

当时的"拨乱反正"，只能是把打乱了的封建秩序再恢复起来，使其遵循着固有的规律继续前进。诚然，封建制度是束缚劳动人民的枷锁，但是，人们是不能超越历史所允许的范围进行活动的。所以，恢复发展封建制度实际上就是为历史的继续前进创造条件。这正是李渊在历史上所发挥的截然不同作用的关键所在。

古代任何一个政权，都是建立在通过赋役手段剥削与奴役劳动者的基础之上的。如果这种剥削和奴役能够局限在劳动者可以忍受的范围之内，历史是可以继续前进的；反之，如果像隋炀帝那样，随心所欲，兴师动众，劳民伤财，社会的发展就会中断。因此，制定赋役制度，把对劳动者的剥削与奴役限制在一定范围内是符合历史前进的要求的。在这方面，李渊也是用心良苦的。

在战争年代，农民起义军或各地的割据势力，都没有固定的财政收入。瓦岗军最初靠劫夺运河的船只维持生计，后来夺取了洛口仓、黎阳仓、回洛仓，才使其力量不断发展壮大。王世充多次与瓦岗军争夺粮仓，也是为了在洛阳能够维持生存。李渊进据关中，首先占有永丰仓，也是同样的目的。他到永丰仓后笑谓官属曰："吾千里远来，志在此耳。既为我有，复何忧哉！于是开仓大赈穷乏。"这种喜悦的心情，正说明在战争年代一个军事集团占有物质财富是何等的重要。其他割据势力，有的劫掠百姓，有的是抢夺隋地方官府，总之，都没有一定的制度，而是随心所欲地占有或掠夺。但这种做法只能是暂时的，不能持久。

李渊建国称帝后，军队必须有粮饷，官吏必须有俸禄，政务也要有支出，再靠掠夺和占有就不是长久之计。于是，制定必要的赋役制度就是不可避免的了。

李渊为了巩固加强自己的地位，即位不久即着手制订这方面的制度。武德二年（619）二月十四日制曰："每丁租二石，绢二丈，绵三两。自兹以外，不得横有调敛。"另外，杜佑还说："（武德）二年制：每一丁租二石。若岭南诸州则税米，上户一石二斗，次户八斗，下户六斗。若夷獠之户，皆从半输。蕃入内附者，上户丁税钱十文，次户五文，下户免之；附经二年者，上户丁输羊二口，次户一口，下户三户共一口。凡水旱虫霜为灾，十分损四分以上免租，损六以上免租调，损七以上课役俱免。"杜佑虽然没有提到"绢二丈"，但他却说"损六以上免租调"。可见人民对调的负担是存在的。以上两种记载虽然都没有谈到徭役，但杜佑说"损七以上课役俱免"，可见人民徭役的负担也是存在的；否则，《新唐书》卷一《高祖纪》中为什么有武德二年"二月乙酉，初定租、庸、调法"的记载呢！既是"初定"，可能还不完善，既是包括"庸、调"在内，还有"免"的具体规定，就应当承认它的存在。

《通典》卷六《校勘记》说："武德五年，岭南诸州方先后归唐，有关岭南诸州令文，自不能于武德二年制定。"故而判定有关岭南诸州的令文"误"。这种判定，对人的因素估计不足。李渊如果像李轨、王世充、窦建德那样目光短浅，只想割据称帝于一隅之地，当然他只能看到想到武德二年初他所据有的地盘，这就是关中和今山西的中南部一带。但事实上李渊与李轨、王世充等人的主要区别，就在于他野心勃勃，一心要取隋而代之，成为中国的正统王朝代表人。他建唐称帝后，立即紧锣密鼓地向各方面发展势力，逐个消灭各地的割据势力，实现全国的统一，正说明他不是一个满足现状者。反之，他是站在长安，看着全国；今天未过，又想着明天的胸怀大志者。因此，武德二年公布的赋役制度，不是仅为当时的关中与河东而制定，而是面向全国，面向统一的未来。

历史上有预见或者对未来有所期望的人物是不乏先例的。在统一条件尚不成熟的时候，南朝的陈霸先就想"借将帅之功，兼猛士之力，一匡天下，再造黔黎"。北朝的周武帝也想在破齐之后，"平突厥，定江南，一二年间，必使天下一统"。这些尚且皇帝如此，已经具备了统一条件的唐高祖怎能不为统一以后的事业有所打算呢？这也是李渊本身的素质所决定的。

以上记载，可以说明三方面的意思。其一，可谓"自兹以外，不得横有调敛"。实际上就是明确取消了隋炀帝的一切赋役制度。在太原起兵时，他就大肆指责隋炀帝"征税尽于重敛，民力殚于劳止。"故而形成"十分天下，九为盗贼，荆棘旅于阙廷，豺狼充于道路。"他做了皇帝，当然要纠正这种现象。由此可见，他的赋役制度首先是针对隋末的横征暴敛而言的。其二，建立新的经济秩序，保证政府的财政收入，以稳定民心，巩固新建的唐朝政权。其三，争取民心，使尚未统一地区的人们看到希望，人心思唐；使边远地区的少数民族向往唐境，愿意早日归唐。这一切说明，武德二年公布的赋役制度，决不仅是针对关中和河东地区的赋役征收，而是具有更深远的意义。

施展有成效之举

　　做事情必须见成效，此为领导者一大要务。李渊在此方面眼光敏锐，能够发现问题，大力推行有成效之举。

武德七年（624），全国基本上实现了统一。武德二年（619）公布的租庸调法过于简单，必须进一步完善。这时，已经成为全国皇帝的唐高祖，为了发展国家的实力，加强自己的地位，必然发展完善各种制度，运用社会秩序的力量巩固新建的政权。因此，他公布了更为详细的赋役制度。

　　新的赋役之法规定：每丁岁入租粟三石。调则随乡土所产，绫、绢、绝各二丈，布加五分之一。输绫、绢、绝者，兼调绵三两；输布者，麻三斤。凡丁、岁役二旬。若不役，则收其佣，每日三尺。有事而加役者，旬有五日免其调，三旬则租调俱免。通正役，并不过五十日。若岭南诸州则税米，上户一石二斗，次户八斗，下户六斗。若夷獠之户，皆从半输。蕃胡内附者，上户丁税钱十文，次户五文，下户免之。附经二年者，上户丁输羊二口，次户一口，下户三户共一口。凡水旱虫霜为灾，十分损四已上免租，损六已上免调，损七已上课役俱免。这些内容，除了最后一部分与《通典》所载的武德二年的租庸调法有所重复以外，其他都是新补充的内容。

武德二年和武德七年两次公布的租庸调法有显著不同的特点。首先，是后者比前者更为全面，更加具体。这是由战争年代到社会安定时期必然的发展。如果说战争年代要靠武装力量争权夺势的话，那么，在战争结束以后，就要靠规章制度来维持社会秩序了。不难理解，后者比前者更为完善，不仅是为了保证政府的财政来源，也是为了提高这项制度对维持社会秩序的作用。其次，前者是单纯的赋役制度，后者是和恢复均田制同时颁布。这样一来，就把租庸调法和均田制度紧密地联系起来，从而使均田制成为租、庸、调法存在的基础。这也容易理解，租和调都是农业生产的成果，征发力役的多少又和农业生产直接相关。这样，就必须使劳动者占有一定土地。因此，武德七年把"赋役之法"和均田制同时颁布，正是要把这两种制度结合起来，使这两种制度同时为加强社会秩序发挥作用。

均田制的内容为："以度田之制，五尺为步，步二百四十为亩，亩百为顷。丁男、中男给一顷，笃疾、废疾给四十亩，寡妻妾三十亩。若为户者加二十亩。所授之田，十分之二为世业，八为口分。世业之田，身死则承户者便授之；口分，则收入官，更以给人。"不难看出，均田制中授田是以丁为主，租庸调的负担也是以丁为主，这正是两种制度的共同之处。武德七年，唐高祖把二者结合起来，使其为唐代历史的发展产生了积极的作用。一直到百年以后，开元二十五年（737），玄宗又重申均田令，并规定，"诸课户一丁租调，准武德二年之制。"由此可见，均田制和租庸调法的历史作用是不可低估的。

武德年间所实行的均田制和租庸调制是隋朝均田制和租调力役制的继续和发展。所谓"继续"，其内容已很清楚，无须赘述；所谓"发展"，是因为历史的前进出现了新的内容。

隋朝遵北齐之制，一个丁男受露田八十亩，妇人田四十亩；另外，每丁又受永业田二十亩，夫妇共受田一百四十亩。但是，一对夫妇所纳赋税却一倍于单丁。《隋书》卷二十四《食货志》："丁男一床，租粟三石。桑土调以绢、施，麻土以布绢。以匹，加绵三两。布以端，加麻三斤。单丁及仆隶各半之。"这就是说，单丁受田百亩仅纳一对夫妻受田一百四十亩的一半赋税。这样一来，就出现了许多不愿结婚或隐瞒妻子的现象。"阳翟一郡，户至数万，籍多无妻"，正是由于"未娶者输半床租调"的结果。李渊的均田令中规定妇女不受田，不纳税，正是对这个问题的解决使制度较合理些，无疑从客观上促使劳动者生产积极性有所提高。

另外，在北魏、北齐时，各级官僚可以通过奴婢和牛领受大量土地，唐朝明确取消奴婢与牛的受田。这主要是各级官吏可以通过另一个途径得到大量的永业田、职分田、公廨田，不必再走通过奴婢和牛受田的老路。反之，唐又规定，僧、尼、道士、女冠也可以受田。这主要是因为隋朝以后，佛教、道教在统治者的倡导下有了进一步的发展，寺院、道观都占有大量的土地，因而，法令中不得不承认这种既成事实。

在封建社会里，土地私有是生产资料的基本所有制形式。实行均田制时国家掌握一定数量的土地，只能是一定时期内特定条件下的暂时现象。国家掌握的土地向私人手中集中是历史的必然规律。均田制下的土地买卖愈来愈有所发展，唐代均田制的有关内容也体现了这一规律。北魏时，永业田的买卖只限于卖出有余和买进不足部分，北齐、隋时稍有放松。到了唐代初期，不仅各种永业田只要经过一定手续都可以买卖，就是口分田在迁居、卖作园宅、碾硙、邸店时，也都允许买卖。买卖尺度的放宽，势必加快了国家掌握的土地向私人手中集中的过程。李渊的均田措施，正顺应了这一历史发展的趋势。

在力役制度上也有改进。隋朝规定：每丁服役二十天，开皇十年（590）五月，"以宇内无事，益宽徭役赋，百姓年五十者，输庸停防。""输庸停防"，就是五十到六十岁的人可以不再直接戍防，纳绢代役。唐朝则扩大了以绢代役的范围。一般力役，都可以日纳三尺绢或三尺七寸五分布而不直接服役。这样，必然有利于广大农民灵活地安排生产，提高其生产积极性。

均田制与租庸调制在唐朝又实行了一百多年，可见其在唐初还是很有生命力的制度。唐朝前期的经济发展与富强与此制度密切相关。李渊恢复发展这种制度，对历史的前进起了促进作用。

与租庸调制同时并存的另外一种税收——地税也是从武德年间开始的。地税就是义仓或社仓税。武德元年（618）九月四日，李渊下令"置社仓"。社仓是为了遇到水旱灾荒时救灾而设置的，义仓税的征收对象是"私有田地和均田令所授田地在内的垦田"，亩税二升。这项税收，名义上是赈荒济贫，实际上则是国家的正式税收。在征收以丁为对象的租庸调时，另征收以田地为对象的义仓税。显然在占有大量私有土地者和劳动者之间有一定的调节作用，使劳动者的负担相对合理一些。例如，玄宗时的王府之费在很大程度上依赖社会，当然比依赖租调的负担面要宽一些。

唐代的户税历史可以追溯到北齐。张泽咸先生认为："北齐时的九等户制，是我国历史上户等制的最早记载之一，按户等高低，分别交纳不同数量的钱币，可以视为唐代户税的真正渊源。因为唐代的户税，正是按户等分别高低征收钱币的。"《通典》卷六《食货·赋税下》载：武德六年（623）三月，"令天下户量其资产定为三等。"武德九年（626）三月，"诏天下户立三等未尽升降，宜为九等。"杜佑既然把这些内容写在《赋税》中，足证它与户税密切相关。否则，为什么后来会出现"富商大贾，多与官吏往还。递相认嘱，求居下等"呢？因此我们认为，唐代的户税也开始于武德年间。

唐初的地税与户税，经过发展与演变，到了唐代后期，成为两税法的核心。由此可见，李渊开始推行的社仓制与按户等收税的制度，在唐代历史上是起了重要作用的。

重用可用之人

罗致人才，重用人才，是成大事者的一项基本功。隋炀帝因为众叛亲离而败亡，李渊不仅耳闻目睹，而且自己就是背叛隋炀帝而起家的，对此更有深切体会。正因为如此，李渊从太原起兵到统一全国，不放松任何机会发现人才、罗致人才、重用人才。

由于李渊这种求贤用能爱才重才的思想发挥了重要作用，故而使来自各个方面的文臣武将，都能为唐初的政权尽心尽力。

李渊为了实现其政治上的奋斗目标，一开始就非常注意收罗可以利用的各种人才。大业十三年（617）七月，从太原起兵时仅三万人，到十月兵临长安城下时即达二十多万人。发展之迅速十分惊人，如果不重视发现人才、重用人才，显然是不可能的。在他准备起兵时，就非常注意发现人才。除了自己"接待人伦，不限贵贱"以外，还命"皇太子于河东潜结英俊，秦王于晋阳密招豪友。太子及王，俱禀圣略，倾财赈施，卑身下士，逮乎鬻缯博徒，临门厮养，一技可称，一艺可取，与之抗礼，未尝云倦，故得士庶之心，无不至者"。参加太原起兵的重要人物，大都是李渊千方百计争取来的各种人才。大业末年的晋阳乡长刘世龙（刘龙），经常出入于太原副留守王威、高君雅家中，对王、高的情况了如指掌，后经裴寂推荐受李渊重用。在李渊与王、高的矛盾激化时，李渊通过他充分掌握了王、高的动态，致使李渊顺利地除掉了王威、高君雅。

李渊在起兵前，为了充分掌握长安的情况，遂命"避仇太原"的李思行赴长安侦察情况，由于任务完成得很好，对情况的认识很有见解，李渊非常满意，遂"授左三统军，从破宋老生，平京城，累授嘉州刺史，封乐安郡公"。

大业末年，鹰扬府司马许世绪，很有见地地分析了当时的形势，劝李渊抓紧有利时机，起兵反隋，从而得到李渊的重用。武德年间为蔡州（治所在今河南汝南）刺史，封真定郡公。

在向长安进军途中以及在后来的统一战争过程中，只要有可能，李渊就尽力收罗各类人才，于志宁、颜师古、长孙无忌、房玄龄、姚思廉、李靖、李纲、屈突通、萧、褚亮、尉迟敬德、魏征、秦叔宝、李世、宇文士及、薛收、刘洎、岑文本等人，都在这一时期先后加入了李渊统治集团。这些文官武将，在武德、贞观年间，都从不同方面对唐朝政权的巩固与发展发挥了重要作用。

另外，出身于皇家隶人的钱九陇，尽管其社会地位不高，甚至"贪财与婚"的许敬宗也感到耻辱，从而在修史时为其"曲叙门阀，妄加功绩"，但由于其"善骑射"，从而得到李渊的信任，并"常置左右"。后来由于屡立战功而授金紫光禄大夫，又拜左监门郎将，右武卫将军等职，又封郧国公。贞观年间死了以后，还赠左武卫大将军，潭州都督，陪葬献陵。还有一个出身于皇家隶人的樊兴，也因战功卓著而除右监门将军，并封荣国公，赐物二千段，黄金三十锭。永徽年间死后，也陪葬献陵。

以上事例都说明凡是在实际活动中能发挥作用的人，李渊都是非常重视的。

在武德年间的统治集团中，有原来隋朝的官员，有农民起义军的将领，有从敌对势力中转化过来的文官武将，也有从下层社会中因有战功而突显出来的各类人物，还有少数民族的上层成员。李渊能够兼收并蓄，使各种人物能发挥其作用，都能够为唐朝的建立与巩固各尽其力。贞观年间，以上各种力量虽然又进行了重新组合，但只不过是在武德年间形成的基础上因秦王集团的胜利而打乱了太子集团的结果。这样重新组合，并没有改变组成唐初统治集团的各种成分。因此，在赞颂"贞观之治"的同时必须重视李渊为其打下的基础。

有典则有则

典则即为法规，可以把人们的行为秩序化。李渊认识到："万邦之君，有典则有则。"法律是判断言行是非和进行赏罚的标准，也是君主权力的所在。轻视法律，则功不立，名不成。只有重视法律，使大家都遵守，这样才能治理好国家。所谓"禁暴惩奸，宏风阐化，安民立政，莫此为先。"

但如何将法律掌握得宽猛适度呢？李渊总结了秦汉以来的各朝用法的经验教训，认为秦朝灭礼教，恣意实行严刑酷法，残害百姓，结果是民不堪命，宇内骚然，爆发了农民大起义，秦王朝被推翻；汉朝以秦为鉴，实行"务从约法"的方针，废除了肉刑、连坐收孥法、诽访妖言法，但很不彻底；魏晋时期，是前朝的流弊相沿，宽猛失度，纲维无序，结果是政散民凋；隋朝虽然有所厘革，但损益不定，疏密不准，隋文帝晚年刑罚也更加严酷，诏令盗一钱者判死刑，盗边粮一升以上者，本人死刑，家口没官，甚至三人共窃一瓜也要处死。隋炀帝时任意为法，不依科律，滥肆株连，杀戮无辜，法外用刑，惨绝人寰，结果激起了百姓的反抗，隋王朝土崩瓦解。他从中认识到，律令应当简约，宽猛适度，依律定罪，一断于法，恤刑慎杀，勿施酷刑。

大业十三年（617年）十一月，李渊率军攻入长安。立即与民约法12条，规定杀人、劫盗、背军、叛逆者处死刑，其余皆废免；宣布废除隋朝的苛禁严刑，在当时起到稳定局势的作用。

武德元年（618年）六月一日，李渊刚称帝一个月，便命刘文静和有识之士，修订《隋开皇律令》。而且提出修改律令的原则是："本设法令，使人共解，而往代相承，多为隐语，执法之官，缘此舞弄。宜更刊定，务使易知。""务从宽简，取使于时。"也就是立法不仅应当由繁而简，而且应当去重从轻，律令的语言要易懂、准确，防止官吏在文辞上弄虚作假，要尽削隋朝的烦峻之法。同年十一月四日，颁新格53条，其中官吏受贿、犯盗、诈取官府财物之罪，不可赦；规定正月、五月、九月不行刑，因为这时正是春节、春耕、秋收的季节，行刑会影响正常的生活和生产。同时，又令左仆射裴寂、吏部尚书殷开山、大理卿郎楚之、司门郎中沈叔安、内史舍人崔善为等重新撰修律令。十二月十二日，又加内史令萧、礼部尚书李纲、国子博士丁孝乌等亦参加修订。武德七年（624年）三月二十九日，《武德律》修成，仍为500条，仅删除《开皇律》中的苛法53条，又新加53条，流刑的里数各加1000里，在流放地戴刑具服劳役，三流皆为一年。

李渊以隋朝为鉴，从中接受一条重要教训，就是官吏贪赃受贿，枉法曲情，不但削弱官僚机器的效能，而且激化了社会矛盾。所以，他主张严惩贪官污吏。在武德元年（618年）颁布的53条新格中规定对官吏受贿要严惩不赦。而《武德律》对受贿罪的惩处更详尽，《贞观律》《永徽律》也都受其影响，一脉相承，其惩处的规定极为详细。如主管长官非因公事而接受管内的财物，1尺绢笞40，1匹加1等，8匹判徒刑1年；接受财物而不枉法，1尺杖90，2匹加1等，30匹判加役流；接受财物而又枉法，1尺杖100，1匹加1等，15匹判绞刑。主管官员借本管内的财物，百日不还，也以受贿罪论。朝官出差地方，接受"送馈"，离职后接受旧僚佐的"馈与"，与都要给予处罚。不是主管官员因为牵连事情接受别人财物，1尺笞20，1匹加1等，10匹判徒刑1年。对行贿者也要给予处刑。

李渊不但在立法的过程中实行宽简的原则，而且在执法的过程中亦注意宽简。为此，他结合重大事件实行赦免。武德元年（618年）五月，李渊即皇帝位，大赦。武德四年（621年）七月，平定王世充，大赦百姓。武德七年（624年）四月，江南平定，大赦天下。武德九年（626年）六月，立李世民为皇太子，大赦天下。

李渊有时也亲自审查囚犯，了解是否有冤案或错案。武德二年（619年）二月，武功人严甘罗因抢劫，被官吏逮捕。李渊审讯他，问为什么要抢劫，严甘罗毫不回避地说：“饥寒交迫，所以为盗。”严甘罗的回答使李渊受到很大震动，管仲在《管子·牧民》篇中说：“仓廪实，则知礼法；衣食足，则知荣辱。”只有使百姓免于冻馁，然后才能谈得上礼义法度，如果不注意发展生产，而空谈礼法，社会永远也不会安定。孟子教诲要“制民之产”，使每家能有5亩之宅，100亩之田，使其足以事父母，养妻子，乐岁终身饱，凶年免于死亡，这样才能使他们走向善良，遵守礼法。他内疚地说：“吾为汝君，使汝穷乏，吾罪也。”遂命将其释放。武德四年（621年）、武德八年（625年），他两次亲审囚徒，多有宽恕。

可见，李渊在领导与管理中，时刻注意落实他的“有典有则”的主张。

第四章

大谋划才能解决大问题

在领导学中，最忌讳没有大谋划，即仅在小问题上用尽心思，而失去真正行动的大目标。真正有魄力的领导总能紧抓"大谋划"三个字，并以之为解决"大问题"的手段，从而让自己的管理局面出现良好的成功态势。

刘伯温的领导心智是：统筹考虑全局问题，不能只抓一点而不顾其它，更不能缺乏有效的手段控制局势。

用最快的速度网罗人才

人才难得，不言而喻。刘伯温的人才观主要包括两方面的内容：对人才的重视；寻求发现、造就人才的途径，但必须速度要快。

刘伯温重视人才，对于发现、造就人才的方法，他概括为八个字。他说："得人不外四事，曰广收、慎用、勤教、严绳。"

"广收"，指广泛访求、网罗人才。这是延揽人才之道。主要有以下三点：

1. 衡才不拘一格

刘伯温反对以出身、资历衡量人，"凡有一技一长者，……断不可轻视"。他说：衡人"不宜复以资地限之。卫青人奴，拜相封侯，身尚贵主。此何等时，又可以寻常条例困倔奇男子乎！"刘伯温认为，当今不是没有人才，而是只待人们搜罗、发现而已。人才"无人礼之，则弃于草野饥寒贱隶之中，有人求之，则足为国家于城腹心之用"。为此，刘伯温认为不能因求全责备而埋没人才。他说："衡人者但求一长可取，不可因微瑕而弃有用之才。如果过于苛求，则庸人反对幸全。"刘伯温本人就是人才不拘一格的延揽。

2. 求才不遗余力

刘伯温说："求人之道，须如白圭之治生，如鹰隼之击物，不得不休。"

白圭，战国时周人，以善于经营、贱买贵卖著名。他捕捉赚钱的时机，就如同猛禽猎取食物一样迅速。自称："吾治生产，犹伊尹、吕尚之谋，孙吴用兵，商鞅任法。"他的这一套生财之术引起当时天下商人的效法。刘伯温主张求才要像白圭经营生产一样，一旦看准，就要像鹰隼猎取食物一样迅速，有不达目的不罢休的决心。刘伯温平日注意对僚属的才能观察了解，并善于从中发现人才。为了增强对人才的吸引力，以免因自己一时言行不慎或处事不当而失去有用之才，刘伯温力克用人唯亲之弊，同时，自强自砺，"刻刻自惕"，"不敢恶规谏之言，不敢怀偷安之念，不敢妒忌贤能，不敢排斥异己，庶几借此微诚，少补于拙"。从其一生的实践看，他基本上做到了这一点。刘伯温周围聚集了一大批各类人才，幕府之盛，自古罕见，求才之诚，罕有其匹，事实证明其招揽与聚集人才的办法是正确和有效的。

3. 注重人才的互相吸引，"得一而可得其余"

刘伯温说，求才"又如蚨之有母，雉之有媒，以类相求，以气相引，庶几得一而可得其余"。

蚨，即青蚨，是类似虫的一种小动物。"生子必依草叶，大如蚕子。取其子，母即飞来，不以远近。……以母血涂钱八十一文，以子血涂钱八十一文，每市物，或先用子钱，或先用母钱。皆复飞归，轮转无已"。"雉之有媒"，是说猎人驯养的家雉能招致野雉。

物以类聚，人以群分。刘伯温以青蚨子母相依不离，家雉能招致野雉，比喻在求才时须注重人才互相吸引，使之结伴而来，接踵而至，收"得一而可及其余"之效。

"慎用"，就是知人善用。刘伯温说："办事不外用人。用人必先知人。收之欲其广，用之欲其慎。""慎用"包括两方面的意思。一方面是用其所长，尽其所能。刘伯温说："虽有良药，苟不当于病，不逮下品；虽有贤才，苟不适于用，不逮俗流。梁丽可以冲城而不可以窒穴，骐骥不可以守闾；千金之剑以之斫薪则不如斧；三代之鼎，以之垦田则不如耜。……故世不患无才，患有才者不能器使适宜也。"刘伯温以良药不适于病，质地好的木梁可以撞开城门，却不可用它去堵鼠洞。不可以用强壮水牛去捕鼠，也不可以骏马守望家门等比喻，批评用人不当，指出对于人才必须"器使而适宜"，使其特长得到充分发挥。用其所长，这正是领导者的用人艺术。

"慎用"另一方面的意思是"量才录用"。刘伯温对人才的使用极为谨慎，他认为行政之要首在立法与用人二端。而他生当末世，主要使命是"扶危救难"，维护旧制度，基本上无"立法"之责，而其事业之成败利钝，也就主要在于用人得当与否。故称"吾辈所慎之又慎者，只在用人二字上，此外竟无着力之处"。为用人得宜，不致因用人不当而偾事，刘伯温对人总是反复测试、考察。

刘伯温不仅重视选拔人才，而且重视培养人才。他说："权人之道有二，一曰知人善任，一曰胸熔造就。"他对部属进行教育、培养、熏陶的原则是"用恩莫如仁，用威莫如礼"。所谓"用仁"，就是视部属如子弟，教育其努力上进，帮助其成才、发迹；所谓"用礼"，则是指对部属恪守礼法，持之以敬，临之以庄，保持尊严和得体，避免言行举止的失态。形成了一套独特的人才造就之法。

刘伯温把各种人才招来以后，先要对人才有个或长或短的"访察"，即考察过程，以辨其贤否、真伪，然后"权其材智长短器使之。聪俊愿悫，各尽其用，人无弃材"。所以，除了一些直接破格超擢授以重任者外，刘伯温一般是将所罗致的人才先安置到自己的幕府即大本营内。让他们办理文稿、充当参谋等，使他们得到实际工作的锻炼，增长才干，取得办事经验。同时对他们进行经常性的品德教育与熏陶，这种熏陶、教育、培养，既有他以自己日常生活中一举一动的无言表率来潜移默化，也有他对部属们进行经常性的训话、交谈和约束加以陶铸，通过一段时间这样的教育、培养和锻炼，把他们造就成才，并伺机荐任合适之职。

刘伯温曾论述过育才之法，提出"以己之所向，转移习俗"。强调正人先正己，以身作则。他最恨官气，因此就屏弃官府排场，力禁部下迎送虚文；他最恨懒惰，自己就首先做到放醒炮即起，而对部下僚属，小到个人治心治身，大到治军治饷，无不以自己的信条、经验严格要求，耐心训导。在他给部下的批牍和书札里，训导劝勉之语甚多，刘伯温赋予他的幕府两种职能，一是治事，一是育人，使幕府不仅是治事之所，也是培养人才的学校。

知人善任，物尽其用

"知人善任，物尽其用"这八个字，人人皆知，但不一定人人能用。作为成功领导者应当知其义理而能用之，刘伯温的主张，可见一斑。

刘伯温在《郁离子》举例说：

"州之庸问于郁离子曰：'云山出也，而山以之灵；烟火出也，而火以之畜，不亦异哉？'郁离子曰：'善哉问。夫人之用智者亦犹是也。夫智人出也，善用之，犹山之出云也；不善用之，犹火之出烟也。韩非囚秦，晁错死汉，烟出火也。'

郁离子谓执政曰：'今之用人也，徒以具数与，抑亦以为良而倚以图治与？'执政曰：'亦取其良而用之耳！'郁离子曰：'若是，则相国之政与相国之言不相似矣。'执政者曰：'何谓也？'郁离子曰：'仆闻农夫之田也，不以羊负革仓；贾子之治车也，不以豕骖服。知其不可以集事，恐为其所败也。是故三代之取士也，必学而后入官，必试之事而能然后用之，不问其系族，唯其贤，不鄙其侧陋。今风纪之司，耳目所寄，非常之选也，仪服云乎哉？言语云乎哉？乃不公开下之贤，而悉取诸世胄昵近之都竖为之，是爱国家不如农夫之田、贾子之车也。'执政者许其言而心忤之。"

刘伯温在这里大意讲了这么一则故事：

州之庸向郁离子问道："云出自山中，而山把它奉为神灵；烟出自火中而火把它积储，这不是很奇怪吗？"郁离子说："问得好啊。人们使用有才智的人也就像这种情况一样。有才智的人出现了，善于使用他，就像山里出现的云；不善于使用他，就像火中出现的烟。韩非子被秦国囚禁，晁错被汉朝杀害，这就是从火中出现的烟。"

善用人才，犹山之出云；不善用人，犹火之出烟。人才固然可贵，但更重要的是如何善于使用人才，使人尽其才，物尽其用。如果使用不当，则会白白浪费人才甚至使其无端受损，故常言人尽其才，物尽其用。

郁离子对执政者说："如今用人才，是只凭凑数呢？还是认为贤良而倚靠他来图谋治国呢？"执政者说："也是选取那些贤良者而录用的！"郁离子说："倘若是这样，那么相国您的执政和您说的话就大不一样了。"执政者说："为什么这样说呢？"郁离子说："我听说，农民耕田，不用羊负轭；做买卖的商人赶车，不用猪担任骖服。因为知道它们不可能成事，恐怕被它们弄坏了事啊。所以夏、商、周三代取士的办法，首先必须学习，而后才可做官；必须用处理政事考核他，若有才能，然后才录用他。不管他的世系家庭如何，只看他是否贤良，不轻视那些有才德而地位卑微的人。如今担任法度和纲纪职务的人，担负着像耳朵和眼睛那样重要的使命，要严格选拔。只看仪表服饰吗？只听言谈词语吗？您却不能公平对待天下的贤士，而全部录用那些世家贵族的后代、与自己关系亲近的纨绔子弟为官。您这样爱国家的做法，还不如农民爱耕田、商人爱车的做法呢。"执政者虽然口头上同意他的话，但内心却不以为然。

总之，刘伯温认为，人才所系，国之安危。没有人才辈出的局面出现，就没有国家的长治久安、社会的繁荣发展。然而在现实生活中，有时人才往往难以脱颖而出，一展宏图。一些自命为伯乐的人，虽然嘴上高喊选贤用能，实际上却压制人才，任人唯亲。如此作为，实为社会发展之大患。故人为国之本，治天下者能人也，任人唯贤，尊重人才，提高人才的价值和社会地位，同之甚盛，民之富饶。

两手抓："举重若轻"和"举轻若重"

"两手"抓，抓什么？刘伯温认为"举重若轻"和"举轻若重"

即是。这"两手"是否能抓好是一名领导者能否成功的表现。

在刘伯温看来，人的品德、志向、才能和性情不同，只有在与之相适应的地位上才能发挥特长。有的人举重若轻，提纲挈领，大刀阔斧，具有当主帅的素质；有的人举轻若重，处事周密，思虑精细，具有当配角的素质。

在《百战奇略》中，刘伯温说：

"将之器，其用大小不同。若乃察其奸，伺其祸，为众所服，此十夫之将。夙兴夜寐，言词密察，此百夫之将。直而有虑，勇而能斗，此千夫之将。外貌桓桓，中情烈烈，知人勤劳，悉人饥寒，此万夫之将。进贤进能，日慎一日，诚信宽大，闲于理乱，此十万人之将。仁爱洽于下，信义服邻国，上知天文，中察人事，下识地理，四海之内，视如家室，此天下之将。"

刘伯温大意是说：

由于将领的性情和才能各异，他们的作用也大小不同。暗察奸情，侦知祸乱，举动受众人佩服，这种人能做十人的将领。起早贪黑，勤奋工作，说话严密，口齿清楚，这种人能做一百人的将领。性格耿直而又腹有良谋，勇猛过人而又善于作战，这种人能做一千人的将领。外表威武严肃，内心情感真挚，理解士兵的辛劳，体贴他们的疾苦，这种人能做一万人的将领。用仁慈博爱的行为恩泽部下，以诚信重义的品格慑服邻国；不仅懂得天文地理等自然知识，而且还能悉心体察人情世故；志向高远，以国为家，这种人能做天下所有人的将领。

　　刘伯温在这里开宗明义地指出，将领的品德、志向、才能和性情不同，因此所担任职务的高低也就各不相同，体现了很深刻的辩证唯物主义思想。这四个方面既有区别又有联系，每一个方面都不是孤立地存在着，而是与其他方面有机地联系在一起，它们之间是辩证的统一关系。这四个方面不同的排列组合，决定了不同的将领类型，因而也就决定了他们所发挥的不同作用。如果对将领的使用不当，就会出现鸟占凤巢、鹰被鸡非的现象。

　　刘伯温还从刘邦和韩信才智不同而各得其任这一史实中汲取经验和教训，运用于他的扶明伟业中，从而成就了千古功勋。

　　韩信当年在项羽手下郁郁不得志，投靠刘邦的初期，也未受重用，他在失望之余就想远投他人。由于萧何与陈平的极力推荐，刘邦这才筑台拜将，委以重任，使韩信得以施展才华，建功立业。"萧何月下追韩信"，讲的就是这段故事。韩信对自己也是十分自知与自信的。有一次，刚登上皇位的汉高祖刘邦与由楚王贬为淮阴侯的韩信讨论将领们的指挥能力，韩信一一指出他们的优劣。刘邦与韩信有一段非常有意思的对话：

　　"你看我可以带多少兵？"

　　"不超过十万。"

　　"你可以带多少兵？"

　　"我带兵是越多越好。"

　　"那你为什么被我擒住呢？"

　　"陛下不能将兵，却善于将将，因此我被您擒住。况且您是天授，非人力可及。"

流传于世的成语典故"韩信将兵，多多益善"就来源于此。韩信说刘邦的才能是天授，"非人力可及"，虽然含有自我解嘲的意味，但也道出了人的才能各不相同的实情。

刘邦一向被人们认为"痞性"太多而"德性"太少，但就是这位流里流气的汉高祖却具有知人善任的大才，就连韩信这样的盖世英才，对他这一点也是叹服之至。有一次刘邦与众位文臣武将讨论项羽是如何失去天下的，大家众说纷纭，各抒己见，但都说不到点子上。刘邦说：

> 夫运筹帷幄之中，决胜千里之外，吾不如子房；镇国家，抚百姓，给饷馈，不绝粮道，吾不如萧何；连百万之众，战必胜，攻必取，吾不如韩信。三者皆人杰，吾能用之，此吾所以取天下者也。项羽有一范增而不能用，此所以为我擒也。

由此可见，刘邦确实具有作为一个大政治家的真知灼见，并非庸才。他也有自知之明，对萧何、张良和韩信充分信赖，大胆使用，使他们尽情发挥自己的长处与才能。刘邦最后能够战胜不可一世的楚霸王项羽，有其必然性。

从另外一个角度讲，如果让品德与才能都属平庸的人处于高位，那同样会给事业带来极大的危害。"一将无能，累死千军"，"兵熊熊一个，将熊熊一窝"等俗语都是讲这个道理。本来只有武大郎的身材，却硬要让他承担栋梁柱的责任，那真是勉为其难。中国历史上有许多帝王，如果按照他们本人的才学，实在是不适合做皇帝，但命运把他们推到了那个至高无上、而本人又无力胜任的职位上，到头来不是昏庸之主，就成亡国之君。

关于人的才能与性情不同，因而其作用也各异的问题，刘伯温专门写过一篇《论诸子》的文章，对此做了精辟的概括：

老子长于养性，不可以临危难。商鞅长于理法，不可以从教化。苏、张长于驰辞，不可以结盟誓。白起长于攻取，不可以广众。子胥长于图敌，不可以谋身。尾生长于守信，不可以应变。王嘉长于遇明君，不可以事暗主。许子将长于明臧，不可以养人物。此任长之术也。

意思是说，老子擅长于修身养性，但不能应付危难局面；商鞅擅长于以法治国，但不能推行道德教化；苏秦、张仪擅长于外交辞令，但不能与之结盟立誓；白起擅长于攻城略地，但不能收揽普通士民；伍子胥擅长于以谋破敌，但不能保全身家性命；尾生擅长于遵守诺言，但不能因事随机应变；王嘉擅长于辅佐明君，但不能侍奉昏庸之主；许劭擅长于褒贬善恶，但不能培养有用人才。刘伯温这篇论文，揭示了扬长避短的道理。他在文中所举的这些人物，都在中国历史上占有一席之地。老子是道家的代表人物，商鞅是法家的代表人物，苏秦、张仪是纵横家的代表人物，白起是战国时秦国的著名将领，伍子胥是吴国的著名政治家，尾生是中国有史以来守信者的楷模，王嘉是西汉哀帝刘欣时的宰相，许劭是东汉末年的人物评论家。就连这些著名人物，都各有专长与不足，对于一般人更是不能求全责备。刘伯温抱着实事求是的态度，对这些先贤们进行客观的分析评论，汲取其长处，舍弃其短处，并且在实际中加以正确运用，这正是刘伯温胜人一筹的地方。

明清之际的思想家、史学家王夫之在其晚年写了一部著名的史学著作《读通鉴论》，根据司马光的《资治通鉴》所载史事，评论了上自秦始皇、下至五代的许多历史人物。他还对刘伯温的政治才能做了很高的评价：

"军不治而唯公治之，民不理而唯公理之，政不平而唯公平之，财不足而唯公足之。"

刘伯温的才能，除了本人天赋高一些这一因素，更主要的是靠，他平时勤奋学习，努力钻研得来的，并不是高不可攀。

制定一条铁的定律

所谓铁的定律，即把一切行政过程制度化。刘伯温把政令和教育合一，并以之为法，可谓抓住了根本问题。

刘伯温治军既重政令又重教化，他曾嘱咐猛将常遇春说：

"教令之政，谓上为下教也。非法不言，非道不行。上之所为，人之所瞻也。夫释己教人，是谓逆教；正己教人，是谓顺教。故人君先正其身，然后乃行其令。身不正则令不从，令不从则生变乱。故为君之道，以教令为先，诛罚为后，不教而战，是谓弃之。先习士卒用兵之道，其法有五：一曰使目习其旌旗指麾之变，纵横之术；二曰使耳习闻金鼓之声，动静行止；三曰使心习刑罚之严，爵赏之利；四曰使手习五兵之便，斗战之备；五曰使足习周旋走趋之列，进退之宜。故号为五教。教令军阵，各有其道，左教青龙，右教白虎，前教朱雀，后教玄武，中央轩辕。大将军之所处，左矛右戟，前戈后弩，中央旗鼓。旗动俱起，闻鼓则进，闻金则止，随其指挥，五阵乃理。正阵之法，旗鼓为之主。一鼓，举其青旗，则为直阵；二鼓，举其赤旗，则为锐阵；三鼓，举其黄旗，则为方阵；四鼓，举其白旗，则为圆阵；五鼓，举其黑旗，则为曲阵。直阵者，木阵也；锐阵者，火阵也；方阵者，土阵也；圆阵者，金阵也；曲阵者，水阵也。此五行之阵，辗转相生，冲对相胜，相生为救，相胜为战，相生为助，相胜为敌。凡结五阵之法，五五相保，五人为一长，五长为一师，五师为一枝，五枝为一火，五火为一撞，五撞为一军，则军士具矣。夫兵利之所便，务知节度。短者持矛戟，长者持弓弩，壮者持旌旗，勇者持金鼓，弱者给粮牧，智者为主，乡里相比，五五相保，一鼓整行，二鼓习阵，三鼓起食，四鼓严办，五鼓就行。闻鼓听金，然后举旗，出兵以次第，一鸣鼓三通，旌旗发扬，举兵先攻者赏，却退者斩，此教令也。"

刘伯温的意思是说：

教令之政就是上为下教。不合乎法度的话不说，不合乎道义的事不做。上边的所作所为，都是人们观瞻和效法的榜样。放纵自己却去教化他人，称为逆教；端正自己而去教化他人，称为顺教。所以，君主首先应端正自身，然后才可发布政令。自己不端正，那么即使发布政令也得不到服从；政令得不到服从，那么就会产生事变祸乱。因此，为君之道，应以教化政令为先，诛伐惩罚为后，不进行教化训练而仓促发动战争，就等于抛弃他们于死地。首先演习士兵用兵的方法，基本训练内容有五种：一是使士兵用眼睛演习旌旗指挥的无穷变化，纵队横队交互变化的战术；二是使士兵用耳朵演习闻听金鼓的不同响声，或动或静，或行或止；三是使士兵用心演习感受刑罚的严厉，赐爵奖赏的好处；四是使士兵用手演习五种兵器的优势以及战前如何防备；五是使士兵双腿演习四处周旋，奔跑和慢行时的各种队列，前进和后退要适合时宜。所以，又号称"五教"。教化政令，排兵布阵，各有其法，左阵称青龙，右阵称白虎，前阵称朱雀，后阵称玄武，中央叫作轩辕。大将军所处的位置，左矛、右戟、前戈、后弩，中央设有旌旗战鼓。指挥的旌旗一旦挥动，全军都做好战斗准备，听到战鼓之声就前进，听到锣声就停止，只要听从调遣指挥，各种阵法就能得到掌握并有条理。训练排兵布阵的方法，应该把旌旗和锣鼓作为中心。擂动一次战鼓，就举起青旗，那么演变为直阵；擂动二次战鼓，就举起赤旗，那么演变为锐阵；擂动三次战鼓，就举起黄旗，那么演变为方阵；擂动四次战鼓，就举起白旗，那么演变为圆阵；擂动五次战鼓，就举起黑旗，那么演变为曲阵。直阵就是木阵，锐阵就是火阵，方阵就是土阵，圆阵就是金阵，曲阵就是水阵。这种五行阵法，辗转变化，相生相克，攻击对阵，相斗相胜，相生相发为了自救，相克相胜为了作战，相生相发为了自助，相克相胜为了对敌。一般情况下，想构建五阵之法，就应五五相保，五人组成一长，五长组成一师，五师组成一枝，五枝组成一火，五火组成一撞，五撞组成一军，那么一个军的战士建制就具备了。兵各有优劣，务必要了解怎样使用才能各得其所。身材矮小的拿矛和戟，身材高大的就拿弓和弩，健壮的挥动旌旗，勇敢地击鼓鸣金，弱小的供应粮草，牧养马匹，足智多谋的主要出谋划策。乡里相互牵制，五五相互保护。第一次擂动战鼓，整理队列；第二次擂动战鼓，演习阵法；第三次擂动战鼓，起灶吃饭，进行休整；第四次擂动战鼓，严明刑罚，重申军令；第五擂动战鼓，就开始出发。听到擂鼓鸣金，然后举起旌旗，按照次序出兵，鸣金一次，擂鼓三次，旌旗飘扬，举兵戟进攻，赏赐激励首先进攻者，惩罚斩首后退者，这就是教令的内容。

总之，刘伯温认为，只有政教合一，才能从根本上落实治军备战的各项措施。

拿出驱策之力

所谓驱策，即激发下属的干劲，在领导学中称为激励术。

刘伯温在《百战奇略》中写道：

"夫出师行军，以整为胜。若赏罚不明，法令不信，金之不止，鼓之不进，虽有百万之师，无益于用。所谓整师者，居则有礼，动则有威，进不可挡，退不可逼，前后应接，左右应旄，与之安而不与之危，其众可合而不可离，可用而不可疲矣。"

刘伯温的意思是说：

军队行军打仗，必须保持良好的军容风纪，这是取胜的基本条件。如果赏罚不明，法令不申，鸣锣不止，擂鼓不进，纵然有百万之众，也毫无用处。所谓良好的军容风纪，是指宿营时遵守规矩，出发时威武雄壮，前进时锐不可当，后退时敌不敢追，行军时首尾相顾，列阵时左右呼应，这样就可使军队总是安然无恙而不会遇到危险，全军上下总是精诚团结而不会离心离德，在战场上总是英勇作战而不会疲惫不堪。

刘伯温所说的"整师"有两方面的含义，一种含义是说一个单位或一个组织应该具备良好的精神风貌，就像一个整体；另一种含义就是说要发扬"团队精神"。作为个人修养来说，一定要具有这两种精神，通俗一点讲，就是要"合群"，只有"合群"，才会有"整师"。在伦理学的词典中，有一个"舍己为群"的成语，它是蔡元培先生首先提出，蔡先生认为，人是群体的动物，不能孤立存在，因此每个人都有舍己为群的义务。他说："舍己为群之理由有二：一曰，己在群中，群亡则己随之而亡……二曰，立于群之地位，以观群中之一人，其价值必小于众人所合之群。牺牲其一而可以济众，何惮不为？"值得指出的是，这种思想并不是蔡先生首创，而是古已有之。从古至今，人们都极重视"群"在社会中的地位和作用。这样做，那么整个国民的素质就提高了，也就达到诸葛亮所倡导的"整师"的要求了，这才是国家能够战无不胜、永保活力的不二法门。中华民族在这方面有着优良的传统，我们理应发扬光大，同时，在新的历史条件下，我们更应该以博大的胸怀，向全世界各个国家、各个民族学习，取人之长，补己之短。在这个问题上，我们必须有明确的认识，在某些方面承认落后，承认不足，这样才能够虚心地向别人学习才能不断取得进步。东南亚金融危机爆发以后，韩国国民所表现出来的整体素质，就值得我们学习和借鉴。

无论从理论上还是在实际带兵打仗中，刘伯温的"整师"策略都是高人一筹的。

第五章

攻击一点，旁及其余

领导在管理过程中，要能"攻击一点，旁及其余"，即抓住一个关键，用智慧加以彻底清理干净，避免留下"夹生饭"，给日后工作带来隐患。

雍正的领导心智是：从一点开始做稳、做好每一项工作，并以此为突破口攻下其它"堡垒"。

虚假之人，不能成大事

得大胜之法，须在用人，用人则须知人，知人才以善任。皇帝的权力是天赐的，但天赐就能管用，就能长久，就能归心吗？这里面除了皇权，还必定有招儿。大胆使用贤能之才是雍正吏治思想的核心。他用人的原则一直本着官得其人、人尽其职、不拘成例、不限资格的原则。

不拘成例、不限资格的意思就是，只要你有能力，即便你官职低微，也可以将你破格提拔任用到重要的工作岗位上。为此，他曾说："即府县等官员阶局远者，果有真知灼见，信其可任封疆大吏，亦准列于荐牍之内。"

与任人唯贤的思想对立的是，雍正大帝讨厌只会做表面文章的俗儒、腐儒，他认为那些人"笔下虽有千言，胸中却实无一策"。因此，他鄙弃这些虽能下笔千言，却根本不知道"吏治及一篇文章"的腐儒，自然不会重用他们。也就是说，那些腐儒并不是真正的贤才，怎么能够堪当重任呢？

雍正思贤若渴，但他本人也知道真正的贤良之材是不可多得的。为此，他曾讲"盖自古迄今，大抵中材居多，欲求出类拔萃之贤，世不屡遇，故理国之道贵储材有素。"

这段话的意思是说：从古至今，才智居中的人比较多，要想选拔出类拔萃的贤才，就很难找到了。因此治国之道应该贵在能够在平日里多储备一些人才，储备也即培养，好不断从中进行选拔。

从雍正这番话里，我们可以看到他已经初步具备了一种新型的用人思想，即对人才的培养和储备。而对人才的培养和储备，从现代意义讲就是"人才库"理论的雏形。这就是说，几百年前的雍正大帝已经提出人才库这一观点了。

雍正这种高瞻远瞩的心智，带动了整个社会向前迈进，推动了历史的改革进程。下面让我们看看雍正是怎样储备人才的呢？

在当时的情况下，雍正大帝储备人才的方式主要有两种：

一种是设立和借助科举教育制度把可造之才送进政府机关培养和训练。用雍正的话来说就是："培馆阁之材，储公辅之器也。"意思是说，我们之所以注重培养馆阁人才，就是为了使他们有朝一日能成为辅佐国家的王公委臣。这主要是指选翰林而言。

雍正说，选翰林"必人品端方，学问纯粹，始为无忝厥职"。就是说要把那些人品、学问都很优秀的人储备充实到中央政府的枢要部门去锻炼。

为此，雍正还特地设立了朝考制度。即对每年殿试中举的进士再进行一次考试，由皇帝亲自主持，从中选出最优秀的人选，委以提拔和重用。这个制度以后一直实行了下来。清代许多有名的宰辅都从这里开始崭露头角。

看来，雍正的"培馆阁之材，储公辅之器也"的目的确实达到了。

另一种方式是注重在实践中储备从事具体工作的实干人才。比如河防水利，雍正就经常讲："是通晓河务人员不可不预为储备也。"并时常选拔优秀的官员到治河第一线去学习治水之术。

书到用时方恨少，人才又何尝不是如此？

小到一个单位，大到一个国家，整天都在喊缺乏人才。

正如雍正所说，世间大抵中材居多。所以对人才的培养训练就显得格外重要。与其临渊羡鱼，不如退而结网，有远见的领导人，大都明白这个道理。

由此可见，在用人一事上，雍正的确是不拘一格的。也就是说无论你有没有文凭学历，只要你有能力又实心办事，那我就可以破格录用你。

但人到用时方恨少，特别是在管理一个国家的事务上，像田文镜这样的得力干才实在是不够，因此雍正时常慨叹："天下唯人才难得！"

人才既难得，就要加大选择人才的力度，为此雍正主张"进贤勿避嫌，退不肖勿避怨，知其贤而不言是谓蔽贤，知其不肖而不言，是谓党恶。"

意思是说：举荐贤才时不能惧怕嫌疑，就算他是你的亲朋至友，只要他确有贤能，也要大胆举荐，但对那些不肖之徒，一定要揭发他，不要怕因此遭到他们的怨恨，假如你知道某人不肖却不揭发，那你们就是朋比为奸了。

雍正曾明确下令："凡为督抚者，当为国家爱惜人才，而于参劾之间，尤当加意慎重，若误去一干员，其过更在误荐一劣员之上。"这就是说：各省督抚，应当懂得爱惜人才的道理。在对部下进行弹劾时更应当谨慎。若因为查人不明误将一个有用的人才罢了官，那就比误荐一个不肖的官员所造成的危害还要大。

应该说，雍正的上述认识非常客观而深刻。而深刻地认识事物的客观规律，必得有深远的眼光和超人的心智才行。

不讲嘴上劲，而要讲实力大小

做人首先要正己，万不可不按规矩办事；第二是要能根据实力办事。这些都与个人的修养有关。假如一个人能做到这两点，可以讲早晚有一天胜局在手。

俗话说，身正不怕影子歪。雍正大帝认为，一个人只有为官清廉，才能主持公正。这就是"正己正人，修炼自我"的心智繁重为此，雍正告诫官员："以循良为楷模，以贪墨为鉴戒……操清廉乃居官之大本。故凡居官者，必当端其操守以为根本，乃可以勉为良吏。"

意即：做官的当以廉明者为楷模，以贪污者为鉴戒，这才是做官的根本，因此，做官的必须注重自己的品德节操，只有这样才能算一名基本上合格的官吏。

雍正大帝虽然要求官吏必须清廉，但同时还反对某些官员借清廉之名而沽名钓誉。为此他指出："取所当取不伤乎廉，用所当用不至于滥。固不可剥削以困民，亦不必矫激以沽誉。"

这就是说：做官的取自己应当取的钱财不能算作不廉，用自己应当用的钱物不能算是滥用。所以，既不要剥削老百姓，也不要伪饰清廉而沽名钓誉。

既然如此，怎样才能使群臣把廉明视为一种时尚呢？为此，雍正大帝以身作则，以实际行动号召群臣提倡节俭。在即位后的 13 年中，雍正大帝从未去过承德避暑山庄，也没到江南做过巡幸活动。就算他不得不去拜谒祖陵时，都不同意在沿途安放过多的临时设施，不求安逸，稍有花销，就认为是过奢之举。此外，他对群臣进献的稀世珍宝也大不以为然，反倒认为"行一利民之政，胜于献稀之珍也；荐一可用之才，胜于贡连城之宝也。"

意即：假如你们能实行一项有利于老百姓的政策，岂不比献给我一件稀世珍宝更好？假如你们能给我举荐一名有用的人才，岂不是比献给我一个价值连城的宝物更好？

雍正大帝不但严于律己，而且还以此带动群臣。他明确指出："世人无不以奢为耻，以勤俭为美德，若诸臣以奢为尚，又何以训民俭乎？"

意即：世人都反对骄奢淫逸，都把勤俭当做美德，假如群臣反过来都以奢侈为时尚，那你们又怎么去教导百姓们提倡节俭呢？

许多人都闹不明白，作为一名泱泱大国的君王，国家再穷也是瘦死的骆驼比马大，还独独少了皇上用的？既如此，雍正为什么如此注重节俭呢？他自己解释说："朕深揆人情物理之源，知奢俭一端关系民生风俗者至大！"

这就是说，雍正清楚地看到了奢侈给国家造成的重大危害和勤俭廉洁给国家带来的好处。通过奢俭这种表面现象看到由此而带来的损益，说明他并没把眼光放在表面上，而是通过表象看到了事物的本质。雍正如此倡导、崇尚甚至严令节俭，自然以奢俭来考察和任用干部，将其作为识人用人的标准。节俭则用，奢侈则除。

节俭是中华民族的传统美德，而雍正能以身作则来告诫臣下节俭，可以说是一代英明君皇。

打出恩、威这两张有力的牌

如何推广权力，是操纵胜局的大问题。对那些以"恩"、"威"炫耀自己的官吏，有一条原则是"'恩'、'威'二字万不可偏执"。

在雍正统治期间，皇权对政治生活的干预面不断扩大。雍正元年，雍正提出代行大学士之事，称："国家政治，皆皇考所遗，朕年尚壮，尔等大学士所应为之事，尚可勉力代理，尔等安乐怡养，心力无耗，得以延年益寿，是亦朕之惠也。"意即：我正当年富力强之际，什么都能干，你们就去图个清闲，颐养天年吧。就这样，雍正轻轻松松地削夺了诸大学士的权力。

到了五、六年间，雍正又以诸臣对所交事务可否施行不予复奏，表示代为处理一些部院事务，并称："倘不能办理，应将事件呈送朕前，朕代诸臣办理。况朕竟日坐勤政殿，又不惮暑热，欲办理事务，竟无事办，诸大臣如此因循迟延不奏，其意将推诿乎？"意思是说，凡你们认为办不了的事，就都交给我来办吧。我每日里坐在勤政殿中，又不怕热，又想处理问题，却没多少事儿可作，而你们却将许多该办的事拖延着不办，究竟是什么意思呢？——就这样，雍正又将三部院职责范围内的部分事务揽在自己手中。

几乎与此同时，雍正又把权力的触角伸向了各王公大臣的私生活领域，竟以诸大臣为家人妻子所惑、不能明辨是非为理由，降旨训饬道："凡大臣之家人，如有嫁娶筵席、宴请亲人等事，令各禀明家主，倘有私成党羽，结为兄弟，彼此会饮，恳求事件者，即行拿获具奏，朕必从重治罪。再诸大臣之妻，互相筵请宴会，为樗蒲之戏，借以夤缘请托，大臣中现有为伊妻所制，凡事依允者，甚属可耻。大臣等宜加防范，（诸大臣）各宜将妻奴严管，苟有畏惧掣肘不得已之处，令密奏朕，朕代诸大臣处分。朕虽日理万机，而于大臣之家事尚能办理。诸大臣览此谕旨，有此等病者，若不加意，亦听诸大臣之便耳。"

这番话大意是说，大臣的家里人凡有嫁娶宴请之事，必须由大臣本人同意。如果互相结党、结为拜把子兄弟，彼此常在一起聚会喝酒、相互委托办事的，一旦抓住，我一定要从重惩处。另外，大臣的妻妾借互相宴请、做掷色子游戏之类，互相拉拢关系，并且大臣有"妻管严"之害惧内病，凡事都答应的，是可耻的行为。对此，大臣们要提防着点，把自己的老婆和下人看管严一点。要是因为某些原因、某些为难的事而无奈于他们或受他们的刁难威逼，可写出密折呈奏于我，我替你们这些大臣来处分他们。我虽然日理万机，但大臣们家里这点事儿还是能办的。

在这段话的最后，雍正大帝不很客气地说："你们现在都看到我的谕旨了，别怪我言之不虞，有上述这些毛病的人如果还不努力改正，那就请便吧。"——意思是说："你看着办"、"靠边站"或者"别怪我不客气了。"

雍正皇帝之所以如此，是从一家一户小事看到了潜在的危机。别小看家庭主妇间的打麻将、做游戏，吃吃喝喝，内中有乾坤。许多大臣与大臣、衙门与衙门的交易凡用人调度、打击报复、坑谁害谁、送贿受贿之类，都是在麻将桌、扑克堆、酒肴饭菜之间做成的。别的不说，就说雍正大帝之后，乾隆晚年的和，慈禧太后的李莲英、崔玉贵，敛了多少财、坑了多少人，干了多少坏事吧！

由此可见，雍正大帝将权力触角探向大臣家里是何其洞明。他大概知道"一个好大臣身后站着好女人"、"一个奸臣背后必有一个刁妇"的道理。当然，话说回来，一位泱泱大国的皇帝竟公然提出要帮助某些大臣管束老婆，除大唐李世民之外，此举在中国历史上似乎是绝无仅有的。然而这确不是笑谈。

此后，雍正又颁布了严禁大臣的仆从间彼此吃酒唱戏、结党营私的命令。命令指出："家仆结党虽属细事，但关系非轻，嗣后仍有群聚结党、生事乱行者，经朕闻知，必将此等恶仆正法。"

由此看来，雍正在为政期间，倒真是家事、国事、天下事，事事操心了。但他的这份操心并不是一时的兴之所至，而是为了达到他的最终目的，即加强中央集权，以稳固自己的统治地位。

安稳人心最要紧

> 所谓安稳人心，即用得人心之策赢得人心。

差徭和田赋是封建社会臣民应尽的两大义务，历年来都是分别征收。由于徭役很重，无田的平民难以承受，加上历年来绅衿免于丁役，造成了差徭不均的局面。这样迫使平民百姓只能隐匿人口来逃避差役。弄到最后，政府的征徭也没有保障。差徭制度的不合理，已成为必须解决的社会问题，改革役法已是势在必行。

康熙末年，已有人提出"丁随粮行"的建议，即把丁银归入田粮中一起征收，完全按田地的面积来收取，不再按人口来缴纳。

并且在个别地区也进行了试验性的推行。但终康熙之世，改变役法与维持旧法之争一直不绝于耳，然而却难定断。试验性的推行也是毫无结果。

当初，康熙实行滋生人丁永不加税的政策以后，人口税总数固定下来，但是人口的新陈代谢在所难免，操作起来困难重重，随意性很大，这为官吏的贪赃舞弊提供了机会。

雍正即位后，马上就面对这棘手的、但又必须解决的问题。同决定耗羡归公一样，对此重大决策，雍正表现得极为小心慎重。

最早上疏触及这问题的是山东巡抚黄炳，他提出丁银分征造成地方上隐匿人口、贫民逃亡的严重现象。

黄炳主张丁银摊入地亩征收，有地则纳丁银，无地不纳丁银，贫富均平才是善政。话说得很有道理，改革之心切切。但是，黄先生却不懂得改革的策略，也不知雍正的策略。

雍正没有接受他的提议，反倒指责黄炳说这种不该说的话。雍正说："摊丁之议，关系甚重。"在最后决策之前，他把问题交给众大臣，让他们积极讨论，提出意见。

反对派的意见主要是：丁归田粮以后，必然造成对人口的管束放松，使得对游民的管理更难了。因为丁归田粮实行久了，人民就会以为只有粮赋没有丁银了，为以后官僚们再加税提供了借口，最终使老百姓受苦。

一个月后，直隶巡抚李维钧以有利于贫民为理由，奏请摊丁入粮。

李维钧比黄炳聪明，他深知有钱人家肯定不乐意，会出来阻挠。而政府机构户部又只知按常规办事，公文律行不知到猴年马月，也不会同意。

因此，他奏请雍正乾纲独断，批准他在辖区实行。

雍正这回的口气软了许多，说这件事应该往后推一推，等到"丰年暇豫民安物阜"时，再实行也不迟。

雍正把李维钧的奏章交给户部及九卿詹事科道一起讨论。并明确要求，要谋划最好的办法，来达到最好的效果。雍正定下的指导原则就是，对国家收入没有影响，又能对贫民有益，让人挑不出毛病。

雍正最后批准了李维钧丁银按地亩等级摊入的改革设想，并对李维钧的详细规划深感满意，鼓励他要相信自己，大胆地去改革。

康熙年间悬而未决的问题，到雍正时，仅经过半年的讨论，雍正就很快就作出选择。雍正果断的性格以及为政的务实，由此略见一斑。

之后，山东、云南、浙江、河南等省随之进行了改革，丁归田粮在全国全面展开。浙江在全面实施摊丁入粮的时候，因为对田多的富人的利益损害较大，而贫民又期望能早日实行，两种势力斗争异常激烈。

雍正四年，浙江发生了绅衿闹事、商人罢市的严重事件，反对丁归田粮。最后巡抚李卫采取了强硬措施，制服闹事者，强制在全省推行。

摊丁入粮实行以后，由于纳粮人完成丁银的能力，大大高于无地的农民，所以政府征收丁银也有了保障。由此，国库也就有了保障。

由于不再按照人头来收税，百姓也不再像以往那样为了逃税而隐匿人口、四处逃亡了，社会处于平稳状态，这为生产力的发展创造了良好的环境。

筹划一定要得当

筹划即谋事之本。雍正不甘落后，他对西南地区的土司改土归流，也为后世人赞誉。所谓改土归流，就是取消西南地区的土司世袭制中央政府设置州县建立政权，并派官员轮流去做官，加强统治。

改土归流政策的出台自然是有原因的：雍正时，云南、贵州、广西以及同它们邻近的湖南、湖北、四川居住着许多少数民族，他们的经济落后，生产方式也不尽相同，与中央政府关系也疏密不一。这些少数民族，实行内部自行征纳赋役，自定成文和不成文的法令，对属民以土司、土舍和头人的称号进行统治。土司、土舍是大大小小的割据者，由于他的积压各自为政，因而就产生了中央要加强对他们辖区的统治与他们维护旧制度的矛盾。

明朝以来，中央政府就在条件成熟的地区，取消土司世袭制，设置府厅州县等地方政权，派遣一定时间进行调换的流官前往治理。这就是改土归流。这种办法，明朝和清初偶或实行，所以土司制的问题严重存在着。到雍正时期，由于弊端的积累，暴露得更清楚了。

这些土司、土舍和头人对属民任情役使，赋税是一年四小派，三年一大派，小派计钱，大派计两。他们掠夺的比向中央上贡的要多得多。如云南镇沅土知府刀瀚，于雍正初年每年向朝廷进贡银三十六两，米一百石，而向土民征收的银子即达二千三百四十八两、米一千二百一十二石，强征的比上贡的多几十倍。

再者，土司盗贼恣意虐杀属民，对犯其法而被杀害者的家属，要征六十两、二十四两不等的银子，还名之曰"垫刀银"，实乃凶恶至极残无仁道。属民们对土司无官民之礼，而有万世奴仆之势，子女财帛总非本人自有，他们的一切包括生命都是土司的。

还有，土司之间为了争夺土地、人畜而时时互相厮杀，经年不解，世代为仇。如广西隆州古隆地方土司王尚氏等，与贵州普安州地方的土司阿九等争夺歪染、乌舍、坝犁、鲁礋等寨，常年刀光剑影不休。雍正二年经告官府，因事涉两省，地方官互相推诿，到雍正四年还没有审理。湖南永顺地方的诸土舍也是如此相互仇杀经年不断。

在明朝时，土司还发动过对中央的战争，清代虽无这种事，但是土司、土舍到邻近州县抢劫、屠杀汉民的事却屡有发生，于是出现双重矛盾：一是土司属民与汉民的对立，属民往往成群结伙骚扰汉民，有的在夜间乘人不备，焚屋屠戮，但他们又害怕汉民，一离开村寨，就怕被汉人杀害。土民、汉民问题从根本上说还是土司造成的。

此外，土司与地方政府也是矛盾重重。有的犯罪汉人逃到土司那里，得到好处的土司就将其保护起来，除非州县官用银钱买求，才能得到，这就破坏了地方政府的司法权。但有的地方官也无端欺凌土司，土司上告，需要州县官转呈，有的州县官就借机勒索，否则多方刁难。有的土司向州县官送礼，若被上司知道，州县官反诬土司贿赂钻营，而若不送礼，则加以傲抗之名，找些小事，申报上司，使土司左右不是。由于总有地方官向土司要钱，致使土司不敢到府县城里，怕被拘留勒逼这些弊端，令土、汉人民遭殃。而中央政令不能统一贯彻，也是产生地方吏治败坏的一个原因。

另外，在土司家族内部，为争夺继承权，也经常发生战争。如雍正三年，川陕总督岳钟琪曾多次奏报大小金川土司争位仇杀。

由于土司制度的存在，严重地妨碍国家的统一，破坏地方经济文化的发展，不利于社会的安定，是阻碍社会进步的一个重要因素，因而取消土司制就成了历史发展的必然要求。

到了雍正时期，土司制度的罪恶已暴露无遗，愈加不能为土民与汉民所容忍。土民们有着脱离土司统治的强烈愿望，有的全村离开土司、土舍，呈请改归地方政府统辖。但对于如何解决土司问题，朝中大臣的看法各个不同。雍正初年，对取消西南地区的土司制，有的大臣认为条件还不成熟，有的认为应尽快将土司制改土归流。

作为一名锐意进取的皇帝，雍正对土司的恶行十分清楚。雍正二年五月他指示四川、陕西、湖广、广东、广西、云南、贵州等省督抚提镇说："朕闻各处土司，鲜知法纪，所属土民，每年科派，较之有司征收正供，不啻加蓰，甚至取其牛马，夺其子女，生杀任情。土民受其鱼肉，敢怒而不敢言。莫非朕之赤子，天下共享乐利，而土民独使向隅，朕心深为不忍。"意思是说，土著人也一样是皇帝的子民，天下人都享受太平，安居乐业，独独让同是子民的土著在偏远的角落里受土司的欺凌，我作为皇帝是于心不忍的。

至此，雍正皇帝下定决心要取消西南地区的土司制，他不忍心那里的人民受苦，要让那里的人民共享乐利。

雍正时期，对桂、滇、黔、湘、鄂、川六省少数民族地区施行的改土归流，废除了千百年来的土司制度，解放了西南地区的土民少数民族，这是历史一次较大的社会变革。

从改土归流的实际效果来看，把土司、土舍的利益分给广大的土民，与天下共享乐利。然而雍正改土归流的成功有一个过程，巩固成果也需要继续努力。

改土归流，革除了土司之后，新任的流官就对安定改土归流地区起着至关重要的作用。流官是否清廉，是不是苛猛，直接关系到地方的安危，雍正时期的清政府在这方面是有教训的。改土归流后，乌蒙地区总兵刘起元恣为贪虐，私派公费，侵欺粮饷，客民被劫，引起了当地少数民族的愤怒。在这种情况下，原来的乌蒙土司利用民怨进行了叛乱。

雍正皇帝对此十分清楚，他在谕旨中写道："凡属番夷苗保杂处省份，若能使文武弁员清正自持，丝毫不敢不利于彼，可保无一事也。是乃探本寻源上策，当竭力勉此。"

鄂尔泰针对流官为政苛猛的问题，也在奏折上感慨万分地说："欲使人民相安感戴，实不在法而在人，得人之难，难于任事。"因此，雍正皇帝和鄂尔泰一方面要加强对流官的选任，一方面又要加强对流官的监督和考察，一旦发现有不利于地方安定的流官就撤换和治罪。这种做法放在当今的社会也是难得的。由于雍正、鄂尔泰君臣二人的努力，改土归流地区的第一任流官大多数基本上是清廉的，对安定地方、发展地方的生产起到了良好的促进作用。

改土归流后，清政府大规模清理钱粮，变革赋役，统一税收，出现了"较之土司陋十不及一"的征税现象。土民所受的剥削大大减轻了。清政府在此基础上以又大行丈量土地，鼓励土民屯田垦荒，并分配给土民牛种、房屋，或者给以银两，更加激发了土民发展生产的热情。东川府划归云南后，鄂尔泰捐发银三千两，买水牛一百头，盖房六百间，分配给来垦荒种地人，使这一地的农业生产又上了一个台阶。可惜鄂尔泰太少，若有个万把人，一切事就解决了。

为了发展生产，清政府在改土归流后又兴修水利，造蓄水田。开发水陆交通的举措更是令人振奋，使道路畅通，促进各民族的交流，加快了少数民族地区经济的开发。汉族先进生产技术的传人和推广，促进了当地的种植质量，特别是朝廷又在这里建立了学校，传播汉族的先进思想，提高了西南少数民族的文化素质。

真难以想象，在当时的封建社会里，雍正怎么会产生这些心智呢，什么改土归流、兴修水利、造蓄水田、开发水陆交通等等。也许是属于实践出真知吧，否则在关于少数民族地区的治理和改造上，古人和今人为什么会有相似之处呢？

第六章

敬业是成大事之本

任何人缺乏敬业精神，都不可能做好工作。领导也是这样，而且要比一般人更加敬业，才能凝聚成一个强大的团队。这一点是无可争议的，更是不能不做到的管理关键。

纪晓岚的领导心智是：做事必须以敬业为本，不能敷衍了事。只能精益求精，就可以赢得信任。

须具坐在此、想在彼的本领

"须具坐在此、想在彼的本领。"

乾隆一向尊崇"朝纲独揽",但久居深宫,又怎能通晓庶务、明察官吏呢?于是,他采取了"广布耳目,收取信息"这一才智。主要采用了以下两种办法:

一是实行密折制度,使信息充分流通将巨僚完全置于皇帝的监督与控制之下;二是恢复军机处,促成皇帝对国家政权的高度独裁。

乾隆为了加强奏折的保密程度,还采用了一些保密措施:一是坚持满族官员奏事用满文,而不是用汉文;二是严禁将奏折中皇上的批语泄露出去;三是为防奏折呈送途中泄密,把奏折放在匣子里,匣子只有送折人和皇帝才能开启。

对密折的批阅,乾隆非常认真,只要属于绝密的奏折,他总是亲自拆封。有的非常绝密,乾隆就索性把内容记在心里,把原折烧毁。到了乾隆十三年后,乾隆废止了奏本文书,密折的作用就更加突出了。如果官员们有了机密的事情要汇报,往往先以密折形势报告皇帝,在明白皇帝明确的意图后,再以题本的形式向专职部门请奏。这时候的请奏仅是走走形式而已,最重要的还是奏给皇帝的密折,这完全保证了乾隆能把大权独揽于怀中。

除了秘密奏折制度，乾隆另一个独揽朝纲的措施即是在乾隆二年出台的裁撤雍正丧期内设置的总理处，恢复军机处。在刚即位时，乾隆是把军机处当作前期政治之弊来撤销的，但头脑敏锐，颇有远见的乾隆很快就意识到：真正的弊端并不是军机处的设立，而是由亲王和重臣把持政务要职。于是，为了充分削弱他们的权力，乾隆又重新恢复军机处并制定相关制度，使皇权牢牢地掌握在自己手中。

乾隆是一个勤于政务的皇帝，可想而知，天下庶事繁多，每天都有大量的奏折和问题需要皇帝阅览处理，仅靠一个人又怎能应付得了。然而这时的军机处，说白了，其实还只是皇帝个人的一个秘书处而已，里面的大臣所做的事情也不过是些能够贯彻皇帝意旨、通晓文字工作、工作效率也比一般官僚高的高级秘书工作而已。拿乾隆的话来说，"各位纶扉，不过委蛇奉职领袖联班"。与历史上的丞相权力根本不能相比。如果有什么重大决策，完全是由乾隆一个人拿主意出决策，而军机大臣只需要把乾隆每天说的话从口头上移录到纸上，保证无误翔实即可。他们本身的种种建议仅供皇帝参考，根本就不能左右局势。

在军机大臣的人选上，乾隆完全把皇族拒之门外，但为了保证满族人在清政权中占重要地位，规定首席军机大臣必须为满人。因为乾隆往往只是一人说了算话，便担心军机大臣们有二心，为了彻底收买他们为自己卖命，又规定凡为军机大臣者可不以资历高低为标准提拔自己的亲信。但重要的用人权当然还是在乾隆自己手中掌握着，他曾说过："朕临御以来，用人之权从不旁落。"即使是乾隆晚期，极其宠信放纵的权臣和也未曾左右过皇帝的用人决策，更何况其他臣子了。

在乾隆时期的清朝官制中，军机大臣还都是兼职的，不是正式的职务。到了乾隆十年，为了能更牢地牵制军机大臣的权力，乾隆出人意料地把他的大舅子，年仅二十五岁的傅恒提拔为首席军机大臣，这样，傅恒可以称得上中国历史上最年轻的"宰相"了。虽然乾隆称傅恒"筹划精详，思虑周到，识见高远"，但傅恒毕竟只是一个二十五六岁的毛头小伙，再有远见卓识，也确实还不大成熟。蒙乾隆如此抬举，他自然会拼上一条命也得为皇帝分些劳苦，并且还可以保证对皇帝言听计从，不会有任何异议，让皇帝放心地在幕后指挥，自己只做个最忠实的传达人。在傅恒之前，乾隆在军机处提拔的还有讷亲，讷亲当时也是一个年纪轻轻的满人，他也是考虑到诸因素而被特殊提拔的，可见乾隆用人确是费了心机。

为更牢固地独握大权，乾隆一改雍正时军机大臣不超过三人的惯例，而让六个军机大臣分割军机处的事务和权限，使他们互相监督、互相牵制，不能有任何越轨之举。他还规定军机大臣不能同时入见皇帝。当时傅恒不认识汉字，特许他可以和其他大臣一起入见。

对于象征军机处权力的大印，乾隆对其管理极严，印文钥匙分别由值事太监和军机章京保管，为了保密起见，还规定只能由十五岁以下不识字的少年充任军机处听差，还派御史往来检查，不许任何人在外窥探。

在建立健全军机处及其管理工作制度后，乾隆通过各种方式大肆削弱中央和地方其他机构的权力，把权力集中于军机处，由皇帝亲自领导。实质上，军机处权力的扩大，就是皇帝权力的扩大，它不仅将传统的议政王大臣会议的权力剥夺，使之名存实亡，而且也使内阁形同虚设。过去的公文处理要经过众多的环节，有了军机处之后，皇帝的谕旨可以直接从军机处发出，下面的奏折也直接可以从军机处递入，这样还大大提高了办事的效率。

乾隆时的军机处职责主要是帮皇帝撰写上谕；处理奏折；审查内阁和翰林院所拟的诏旨；讨论施政方针；为皇帝准备政事参考资料；参与科举考试的工作；奉旨出京查办事件；陪皇帝出巡；记录和积累有关档案事务性工作；对中央到地方各级官员的使用、任免提出参考意见等等。其实军机处已成为辅佐乾隆行使强权的常设中枢机构，成了全国的政务中心。

乾隆时密折制度和军机处，着实为乾隆独揽朝纲，统领国家政务做出了极大的贡献。在乾隆的督促下，密折制度和军机处制度得到了空前的完善，而乾隆的皇权也得到了空前的集中和巩固。

惩一儆百，不容异己

除暴灭恶为治政之大手段。乾隆每天有许多要政需要处理，他希望建立新政，找到一条振兴大清的出路。但是实行新政，实现以宽代严的转变，也不是轻而易举之事。因为前朝许多大臣和官僚都是靠着刻薄而发迹崛起的，要推行"宽仁"，势必会遭到这些官员的极力阻挠和坚决反对，还有不少官员习于官场旧俗，胸中毫无主见，遇事不计其是非曲直和对国计民生的利弊，因此，也并不拥护新政的实行。为此，乾隆采取了"惩一儆百，不容异己"的才智，以期证明"安良必先除暴，容恶适足养奸"观点的正确性。

乾隆即位后，户部尚书史贻直极言河南垦荒之弊，揭露"小民鬻儿女以应输将"的社会现实。乾隆闻知下谕，对雍正苛严政治的积极执行者田文镜予以谴责，说："河南地方，自田文镜为巡抚、总督以来，苛刻搜求，以严厉相尚，而属员又复承其意旨，剥削成风，豫民重受其困。"王士俊继任河东总督兼河南巡抚后，督促州县开垦更加严厉，为此，乾隆撤销了王士俊的官职，把王士俊调任四川巡抚，实际上是降了王士俊的职。王士俊在雍正时期颇负骨鲠之名，当他看到乾隆一上台人心思变，陈规不存，遗轨不遵，极为慨叹，于是便进言指斥时政，说："近日条陈，惟在翻驳前案，甚有对众扬言，只需将世宗（雍正帝）时事翻案即系好条陈之说，传之天下，甚骇听闻。"王士俊竟然这样去违背皇上的政令，指责新帝乾隆的新政违反了雍正的老政策。

王士俊的这几句话十分厉害。他不仅是针对某一事或几件事，而是指向所有的事，是囊括乾隆即位以来十一个月的整个朝政。王士俊明确指出一些大臣的陈奏都是在翻驳雍正帝的前案，这些人竟敢翻先帝之案，并且加以驳斥，实属狂妄和谬误之举。更为严重的是，王士俊指责群臣以翻驳前案为名，影射新君，实际上把乾隆当作去翻父皇所定之案的不孝之子。王士俊由此彻底否定了以宽代严、革除弊政的指导方针，这不仅涉及对新皇帝的评价问题，而且关系到新政能否继续施行，若不加以制止，便会出现第二个第三个王士俊，便会混淆视听，扰乱人心，新政就会有夭折的危险了。

看过王士俊的密折后，乾隆十分愤怒，马上在奏折上严批申饬，将原折发于总理事务王大臣和九卿传阅，又在养心殿召见他们，严厉驳斥王士俊的欺君悖理之行为。他揭露王士俊所说话的实质，说王士俊是"大悖天理"，辱骂皇上。乾隆还详细论证了康熙、雍正和乾隆三朝方针的一致性，强调说："皇祖、皇考与朕之心，原无丝毫间别。如无法久自必弊生，奉行每多过当，不得不因畸重畸轻之势，而为之维持调剂，以归于正直荡平之道，此至当不易之理。乃王士俊訾为翻驳前案，是诚何言，是诚何心耶？"

违反祖制，这是多么重大的失德之行，乾隆当然不会容忍这一指责，他痛骂王士俊"险邪小人"、"巧诈之习，牢不可破，外饰耿直，以便己私，敢将悖理之言，妄行陈奏。"即令将王士俊革职拿京。原拟斩决，后来又因宽容之策，免他死罪，驱逐回籍为民了。

在雍、乾政治交替时，甘肃巡抚许容也是以刻薄而闻名的封疆大吏。当乾隆下令赈恤灾民，树立自己仁君形象的时候，许容却按雍正时的旧规，仅借给贫民三月口粮，大口每日三合，小口每日二合。乾隆对此甚为不满，下谕说："政莫先于爱民，甘肃用兵以来，百姓急公踊跃，今值歉收，当加恩赈恤。汝治事实心，而理财过刻。国家救济贫民，非较量锱铢时也。"但是，许容仍迟迟不予照办。

乾隆对许容甚为不满，只好将其解任，为此降谕说："上年闻甘肃固原、环县等处收成歉薄，贫民乏食，朕知许容性情偏隘，识见卑庸，但知节省钱粮，不思惠养百姓，屡次亲批谕旨，令其宽裕料理，勿使灾民稍有失所。又令资其安插之费，宽其散赈之期，朕之训谕已频，朕之心力亦竭矣。乃许容刻核性成，不但无恫矜乃身之意，并朕旨亦不祗遵。不过循照往例，苟且塞责，罔计百姓之实能安堵与否，是以正当赈济之时，流移他郡者尚千百为群，相望于道。"从灾民的困苦出发，予以严厉谴责。紧接着，大学士查郎阿秉承乾隆旨意，疏劾许容匿灾殃民，结党营私。乾隆下令将许容押解来京，交刑部治罪，部拟杖徒，后来也被缓免了。此后，许容虽也复出为官，但经历这次打击，名声已经扫地，郁郁而死。

在对其他较为严苛的官吏中，乾隆反复阐明宽仁，让他们以休养百姓为己任。广东布政使萨哈谅奏办理征税情形，乾隆下谕说："征税扰民之弊，朕深知之，看汝办理情形，仍蹈苛刻之习矣，但朕特降宽大之旨者，原欲使百姓实沾恩泽，若汝等稽查不力，徒饱官吏之私，而百姓不被其惠，则汝等地方大员之罪不可逭矣。将此旨传尔督抚知之。"除此谕外，乾隆还分别给四川总督黄廷桂、广东巡抚杨文斌、福建布政使张廷枚等下谕，要他们减轻百姓负担，不要做那些急功近利，苛刻百姓的事。他说，对那些"以苛为察，以刻为明，以轻为德，以重为威，此则拂人性、逆人情者"，要严以查办，不能姑息养奸，扰害良民。

在清除严苛的官僚时，除王士俊、许容外，因"严刻"被处置的官员还有很多。山东文登知县王维干杖毙二命，"残忍刻薄，如疯如狂，肆无忌惮，且创设不经见之非刑，草菅民命"。乾隆听说后，让巡抚岳 严审定拟具奏，斥责说："似此酷劣之员，身为巡抚，何以不行查参？著伊明白回奏。以次奉旨严审，不得回护前非，丝毫容隐，自干严谴。"

对一批推崇严刻政治的官僚加以处分，表明了乾隆通过法纪来维护自己政治革新的决心。他决计杀一儆百，让其他对新政不满或存有疑虑的大臣官僚们明白，不守新规、不行新政的人下场会和王士俊等人一样。对严苛官员的处置，为他施行新政进一步廓清了道路，使新政在短时间内就收到很好的成效。乾隆曾反复强调过："安良必先除暴，容恶适足养奸，此为察吏之法。"也正是在这种谋略之下，他对"奸"者毫不留情，对"恶"者惩除务尽，从而促进了臣民的向心力、凝聚力的生成。

不容敷衍了事

敷衍了事，是欺人行为。乾隆力戒大臣有欺隐行为，他对那些苟且塞责以图了事的大臣，绝不宽容。

在明清两朝交替之际，有许多明朝降将在前朝政治腐败、军事瓦解的情势下弃暗投明，反戈一击，成为新朝骁将，为推翻明朝，建立大清帝国立下了不朽功绩。在当时，是降清之臣，还是抗清之臣原是清初衡量人们政治立场的主要标准，为此，乾隆采取了"秋后算账，以正视听"这一才智，却把这个标准改成忠君与否，也即舍弃了政治色彩，变成了实用主义的道德准则。

在乾隆四十一年，乾隆决定按照忠君标准，重新评价那些降清的明朝官僚为贰臣，编纂《贰臣传》。乾隆不以功利主义评论他们为清朝立下的汗马功劳，反而斥责这些变节之臣"大节有亏"，就这些人"遭际时艰，不能为其主临危授命，辄复畏死幸生，面见 颜降附，岂得复谓之完人？"也即对他们的品质提出了质疑。《贰臣传》专把在明清两朝做官的人收录其中，以为"万世子孙树纲常。"乾隆还指出"所以致有二姓之臣者，非其臣之过，皆其君之过也。"原因即是明朝皇帝昏庸无能，而使那些有才有德的明朝臣子投靠了新主人。《贰臣传》又分甲乙两编：

甲编中是那些效忠于清朝的明朝降官；乙编中是在明清两朝虽都为官，却两不孝忠的厚颜无耻毫无建树之辈。在《贰臣传》中共收明末清初人物一百二十余人，其中人物又可分为五种类型。乾隆下谕要编纂人员对这些降臣加以区别："入贰臣传诸人详加考核，分为甲乙二编，俾优者瑕瑜不掩，劣者斧钺凛然。"

列入甲编的人物中有原为明朝低级官员，后因功而被清朝升迁的降臣；也有在明朝时已居高官，而降清后仍受重用的降臣。如李永芳是明朝万历末年的一个小游击，清军进攻抚顺，李永芳未战即降，成为明朝官吏降清的第一人。李永芳降清后为清军灭明献计策，功勋昭著，曾被免死三次，他的儿子也为清军重要将领。到了乾隆朝时，李永芳的四世孙李侍尧又深得乾隆信任，任为督抚大员。即使对清朝有这样多贡献，李侍尧世家几代人仍因李永芳降清一事而被乾隆列入贰臣之行。乾隆对此的说法是："律有死无贰之义，不能为之讳。"

洪承畴乃是在《贰臣传》甲编中让乾隆心里有些矛盾的人物。洪承畴在明崇祯朝，官至延绥巡抚、陕西三边总督加太子太保，他曾为明朝扑灭农民起义而立下大功，深受崇祯推崇。为抗清，洪承畴又临危受命奋勇杀敌，却战败两次被俘，最后，终于在被捕中降清。降清后，又因受皇太极赏识，成为清军统一全国的得力干将。因崇祯帝对洪承畴也极为重视，在对清军的战役中，崇祯帝曾因误听说洪承畴战死，竟赐祭十六坛，并在城外建祠，准备亲临祭奠亡灵。可见洪承畴确实为一代将才，竟受两朝皇帝推爱。对于洪承畴的评议，乾隆也比较为难，他既指出洪承畴投降叛节，又说他"虽不克终于胜国，实能效忠于本朝"，"则于洪承畴等可深讥焉"。

以洪承畴这件事可以得出乾隆评价忠臣时，连誓死效忠于大清、并对大清做出杰出贡献的降臣，仍不愿屈就称他为忠君之士，而把他列入《贰臣传》，可见所宣扬的忠臣的要求又有多高。为本朝和后世的正统道德着想，他为做人臣之道立下了十分严苛的规矩。

被编入《贰臣传》乙编中的人中，有在明清两朝均为高官、却是两朝奸臣的冯铨等人；也有虽在两朝做官，却在暗中又诋毁清朝的，其中最为出名的是钱谦益。

说起冯铨其人。冯铨在明朝曾卖身投靠大宦官魏忠贤，官至文渊阁大学士，后因魏忠贤倒台而受牵连，被削官为民。清军入关后征明官入朝做事，冯铨又以大学士原衔入内院佐理机务，但他仍旧习不改，声名狼藉。乾隆对冯铨之类甚为反感，说对他们只是"不得不加以录用以靖心"，可惜"再仕以后，唯务面见颜持禄，毫无事绩足称。"

钱谦益是明末清初的著名诗人，明朝万历年间的进士，官至礼部侍郎，后为礼部尚书。清军进入南京时，钱谦益是迎降清军的明臣中官阶最高的人，他降清后仍为礼部侍郎，并任明史馆副总裁，但在钱谦益所著的书中，却攻击清廷统治。对他的人品乾隆极其厌恶，讥讽他的诗作只配去盖酒坛子，根本没有资格自比高洁。早在编纂《贰臣传》之前，乾隆就说："钱谦益果终为明臣守死不变，即以笔墨誊谤，尚在情理之中。而伊既为本朝臣仆，岂得复以从前狂吠之语刊入集中！其意不过欲借此掩其失节之羞，大为可鄙可耻。"在他的《观钱谦益初学集因题句》一诗中，乾隆写道："平生谈节义，两姓事君王。进退都无据，文章那有光。真堪覆酒瓮，屡见咏香囊。末路逃禅去，原为孟八郎。"

除此之外，乾隆还下令在全国范围内烧毁钱谦益的作品。指出："钱谦益辈，尤反侧金邪，更不齿于人类矣。"

乾隆十九年九月，乾隆东巡归京时途经宁远城，见祖氏石坊，有感于祖氏兄弟祖大寿、祖大乐二人立于明而降清，便作《题宁远祖氏石坊》诗嘲讽之。诗云：

> 火递谨寒更烽侯，鸠工何眼尚逍遥。
> 若非华表留名姓，谁识元戎事两朝？

原来这是明崇祯十一年，皇帝为祖氏兄弟建了两座石坊表彰他们的忠孝节，可是崇祯十五年松山之战时，祖氏兄弟却叛明降清了。乾隆认为这两人已经变节，旌表石坊犹存，这简直是历史笑柄。

而事实上，祖氏兄弟隆清后，对清朝忠心耿耿，并无二意，可乾隆仍对他们心存讥讽。在汉族官员中，像祖氏兄弟这样的贰臣，有不少人以死效清，然而乾隆为标榜其正统忠君思想，仍把他们列《贰臣传》中，让后人评说其是其非，可见他臧否人物之用心仍在于维护清朝统治利益，他这一代清朝的利益，却以封建传统道德和思想来封锁不利于自己的一切言行。

越谨慎越放心

"谨慎"两字永远是智慧型领导者不可丢的关键。你想，你过于放达，就可能走上险道，走到悬崖边。反之，你谨慎了，想一步走一步，就能够避免麻烦。

作为重臣的纪晓岚属于那个时代，经历"精神凌迟"的文网之劫，落马者比比皆是，网外的更是惶惶度日，如履薄冰，纪晓岚属于后者，以致"立久心茫茫，悄然生恐惧"。因此他认为：对自己越谨慎，才能对自己越放心。

纪晓岚编纂《四库全书》之时，总有如履薄冰的感觉，这不仅仅是乾隆对编纂工作的挑剔，更严重的是在编纂《四库全书》过程中大兴文字狱。

文字狱的兴起几乎是与编纂《四库全书》同步的。乾隆编纂《四库全书》名义上是为了"稽古右文"、"嘉惠士林"，也就是说，对历代典籍进行整理，以方便士子阅读。而实际上，他还有一个更重要的目的，就是统一全国的思想，为其集权统治服务。所以，在乾隆三十七年正月发布谕令，在全国范围内"搜集古今群籍"之后不久，就开始了查禁"违碍"书籍的运动。

乾隆三十九年八月初五，乾隆降下这么一道严厉的谕旨：为什么各省进呈的一万多种书籍中竟然没有"稍有忌讳之书"？岂有这么多的遗书中"竟无一违碍字迹之理"？况且明季野史甚多，其中"必有抵触本朝之语，正当及此一番查办，尽行销毁"。在上谕末尾，乾隆以严厉口吻宣布："若此次传谕之后，再有隐讳存留，则是有心藏匿伪妄之书，日后别经发现，其罪实不能宥，承办之督抚等亦难辞咎！"

此后文字狱案掀起高潮。几乎每月都有文字狱案，罪不容赦的大案一年也有十几起。乾隆上谕的当年九月即有直隶人王进献书帖案，并牵涉总纂官纪晓岚。

本来，由于当时实行高压政策，编纂古籍就面临着极大的危险，稍有不慎，误将禁毁书编入四库全书中，都可能被视为有意隐瞒禁书，对本朝不满，更何况哪些该禁该毁，并没有一个标准尺度，完全凭乾隆的旨意。

面对如此形势，纪晓岚特别小心谨慎，他先是积极响应献书号召，将自家几代人积攒下的善本贡献朝廷。据记载，当时全国朝野献书超过五百种以上者有四家，超过百种者共九家，而且绝大多数为江浙人。北方藏书之富者首推纪晓岚，进呈书籍共 105 种，其中著录者 62 种，存目者 43 种，因此获颁赐内府所印《佩文韵府》一部。纪晓岚给乾隆的印象是尽职尽忠的。尽管如此，王殉的献书案险些将纪晓岚打入地狱。

《四库全书》编纂时，各家私人著述经纂修官审订后也收入其中，这当然是一件光宗耀祖的事。因此，在编纂期间，不断有人将自己的家藏书或私家著述送呈书馆。

王是直隶盐山县回民，乾隆三十九年，他派其兄王琦进京投递字帖于户部侍郎金简，内有诗文三本，又称家中有神书系《滕王阁序》文，又有神联一对，俱系乩仙笔。由于当时文字狱已兴，金简对此十分敏感，就上奏朝廷。乾隆立即将王琦逮捕，随后又将王押至京师审讯。王在供词中牵连纪晓岚：

我祖上有乩仙的字围屏十扇，为乩仙所书，上写《滕王阁序》，……还有"鬼神咸钦"四大字。固有翰林纪昀是献县人，我平素慕他才学，又当日讲鸾时乩仙有云："纪翰林与王俱是圣门弟子，纪昀是子贡转世，王是颜回转世"之语。我想纪昀如今做了翰林，遂欲将仙书仙字给他。

三十七年差家人张文礼送与纪翰林，因我备一单帖，纪翰林说我小看他了，不肯收下。张文礼回来告诉我，因此我就搁起来了。

去年十二月内，有纪翰林家先生赵子建也是盐山县人，与我交好，他到我家说，纪翰林现在纂书，叫我将这字仍送给他，只要用手本，不可讲价钱，他自然收了。我于三十九年正月，又将仙字及所做的一篇文章，仍差张文礼送来。纪翰林说："这鸾字是四十余年之字体，因何不早送来？"仍然不收，发回来了。因此，我因纪翰林不肯收，只得各自做文各自进呈，遂按字迹做了书四本，这四本书是从前纪翰林没有见过的，其中俱是申明四书大义的意思。又有对联一副，也是仙笔写的，我也抄录下来……我进这书，原为皇上是孝友之君，我句句都是尊君明大义的话，皇上必定赏我追封先人之意。再，我因纪翰林不收我字，原心里气他，随于文内写出"求皇上差纪翰林去取神书神联上来"之意，并无别的情由。

十一月大学士于敏中等定拟具奏，以王"读书不就，遂捏造乩仙对联字幅，希图哄骗银钱，甚至敢于编造悖逆字迹，妄肆诋毁本朝，尤为丧心病狂，情实可恶"，应照"造作妖书律"拟请旨即行正法；王琦发往乌鲁木齐给兵丁为奴；陈洪书以失察，照渎职例革职；千总张成德、外委张仁德曾接书，应杖罚。狂悖书词四本烧毁。得旨："王著即处斩。余依议。"

或许因纪晓岚近来表现不错，或者是考虑到正是用人之际，乾隆皇帝这次并没有深究此事。但此案让纪晓岚大为恐惧。

在编纂《四库全书》整个过程中，纪晓岚几乎每夜寒灯闪亮，做每字必亲自审阅，不敢有丝毫的马虎和懈怠，或许他有忌讳，但作为一个大兴文字狱的时代，稍有不慎，被文网之劫罩住的事情都在所难免，不能不说纪晓岚发出"立久心茫茫，悄然生恐惧"的感叹是可以理解的。

不让漏洞露出来

有时漏洞是硬伤，可以让人说三道四。编纂《四库全书》的苦差事让纪晓岚大伤脑筋，偏颇之处在所难免，无从下笔更是比比皆是，浩如烟云的"矛盾之处"如何弥合，对纪晓岚来说是个挑战！

编纂《四库全书》不是一件容易的事。依照《四库全书》的编纂程序，纂修官首先对各类书籍，包括《永乐大典》中的佚书、内府书、进献书进行初步清理和甄别，再进行详细考订，即版本鉴别、勘误。

然后写出提要初稿，叙述作者生平、本书主要价值及在学术上的得失，最后注明应刻、应抄、应存、应改等处理意见。这些基础工作做完后，汇总到总纂官纪晓岚和陆锡熊手中复核。

复核过后，纪晓岚和陆锡熊将最后意见呈交乾隆帝审批决定。经乾隆批准收录的书籍即交武英殿缮书处抄写。

与此同时，总纂官则对其提要进行修订，从作者的年代、爵里、事迹，到该书大旨、得失等，都给予修改和斟酌润色。

曾任四库总裁、大学士于敏中给陆锡熊的一封信中就称赞说："《提要》稿吾固知其难，非经足下及晓岚学士手，不得为定稿。诸公即有自改位置者，愚亦未敢深信也。"而一旦经过他们的"笔削考核，一手删定后，无不灿然可见"。长达十几年的编书工作也确实使纪晓岚辛苦备尝。《进书表》中就有"鲸钟方警，启蓬馆以晨登；鹤龠严关，焚兰膏以夜继"之句，可说是夜以继日，精神紧张躯体辛苦。

在具体编纂过程中，也有诸多麻烦。因为《四库全书》卷帙浩繁，引证书目浩如烟海，加之参与编纂工作的人员庞杂，协调起来本不容易，可要命的是还要杜绝违碍文字纂入四库中，这件工作就更复杂。不仅有违碍的书籍要区别对待，分抽毁和全毁两种，全毁似乎还容易处理，抽毁书就不太好处理，因为没有固定的标准，乾隆说有违碍就有违碍，说无妨就无妨，令纂修官很不好把握，处理不恰当要承担责任，加之每个人每天都有进度规定，所以许多人就采取把类似问题"矛盾上交"，留给总纂处理。可总纂也很难及时、妥善处理，因而就留下了许多问题：漏抄、漏改、错字在所难免。这也是为什么《四库全书》纂成后屡有重校的原因。

乾隆四十七年《四库全书》纂成后，参与者都曾获得晋级、授官等不同程度的嘉奖。可随着其中问题的不断发现，又有一大批参与者受到严厉处罚，不仅已获奖励被剥夺，甚至被处以抄家赔偿的重罚，搞得家破人亡。而为编纂《四库全书》做出重要贡献的总纂纪晓岚就受到无数次呵斥、交部议处、罚赔等处分；副总纂、纪晓岚的好朋友陆锡熊也受到无数次呵斥、交部议处、罚赔等处分，死在前往东北校书的路上；江南三阁的修改费用则由总校陆费墀一人负担，陆费墀因此倾家荡产，不但被革职，而且不久忧郁而死，家产仍被查抄，对此纪晓岚自然有看法。

赏罚不公的事尤其让纪晓岚对手下修书的人没法交代。当时大学士兼军机大臣的王杰，于乾隆五十三年五月续修礼部科场条目，其书不过一千四百余页，而原奏议叙书吏有二十名之多，计每人写书不过七十余页，较各馆议叙实为太优。由于心有不满，所以纪晓岚与王杰曾于事后就议叙问题发生争论，并五十六年正月奏事时，以王杰派人办书勒派银两将王杰弹劾。

这件事虽然是针对王杰的，但其中的含义自然有对四库馆臣议叙微薄、吹毛求疵不满的意思，乾隆自然明白纪晓岚的醉翁之意，本来，乾隆对大学士王杰要多加保护，又见纪晓岚意图很明白，不仅是对所受处分不满，更有对让人出资编书做法的不满，所以听后很不舒服。他不仅亲自为王杰辩解，说王杰此举是对书吏严格要求，况且又没有装入自己腰包私用，就让军机大臣斥问纪昀。

在此情况下，纪晓岚不得已被迫表示悔过：王杰派令书吏出银一事，我一时愚昧之见，原以其既然奏请自备资斧，即不应更令出资交官，与原奏不符，是以与之争论，今蒙皇上指示，王杰派令书吏出银乃系从严，并非从宽，始悟从前过于拘泥，至此项银两实为入库办公，我原未言其有所沾染，今蒙指示，王杰并未携回家中私用，仰见圣鉴高明，至公至允，我不胜惶愧之至。

大学士们在议处纪晓岚的罪状时，又决定采取"从严"的方针，拟议革职。但乾隆又故意"恩出于上"，二月十八日降下谕令：纪晓岚著从宽免其革职，仍注册，但此案非寻常疏忽可比，所有应得饭银公费停支三年，以示惩儆。

编纂《四库全书》完成后，还有一个颇费脑筋的事，就是已成函的书籍抽换问题。本来，由于《四库全书》卷帙浩繁，所以在编排上，只于函面标写函数字样，而其中的书籍则各自分部，不相联属，并没有整个流水卷数，目的是便于随时添书撤书。可有时候原书部头比较大，而缺乏可供替换的书，或者可资替换的书厚薄又与原书差距较大，如何才能使替换后书函不留替换痕迹，确实令编纂者伤脑筋。

乾隆五十二年三月，乾隆在阅览馆臣所进书籍中，发现明末清初人李清的书在记载明清之际史实时有所谓违碍处，又非常鄙视李清其人不能殉国明朝，下令抽毁其书。

经查，涉及李清书籍有四种，《南北史合注》被编入《史部·别史类》中，《注史同异录》和《不知姓名录》被编在《子部·类书》类中，这三种书年代、卷数相当、可供替换的书比较多，所以抽换之后不留痕迹还比较容易，而《南唐书》合订本被编在《史部·载记类》中，麻烦的是，此类书很少，没有适合替代的书，怎么办呢？总不能让原书函抽掉或空着吧？如此的话，既不美观，更会被后人指责议论呀！更重要的是，皇上也不会答应，纪晓岚实在难办。

可纪晓岚还是想出办法。他经过反复考虑，终于想到了一个做假掩饰的办法：从前武英殿装订《四库全书》时，因为册数函数厚薄各不相同，为了使其整齐划一，便在书匣中垫一些衬纸。现在四阁书内衬纸者很多，何不照此办理呢？况且此书只有六册，为数不算多，只将此匣前后相连的书，适当多加些衬纸，多出此六册书的厚度，不用再补其他书就可以了。也只有这种做法，后人自然才不会产生怀疑，又不影响全书的整体面貌，岂不是事半功倍的事儿？

纪晓岚想到这里，眉心始舒，便与总裁大臣一起上奏乾隆请求批准。乾隆自己本想不出其他更好的办法，觉得纪晓岚想的办法还比较周全，便挥笔批道："照此办理。"

纪晓岚在编纂《四库全书》过程中遇到的此类事情很多，而每次都是乾隆皇帝一道谕令，纪晓岚则需无条件地执行，具体操作起来就要挖空心思，设法弥合。多亏是纪晓岚，无论是什么难题，他总能想出弥合的办法，解决了一个个难题，同时让自己跨过了一个个难关。

第七章

以身作则，不怕别人笑话

领导最可贵的是以身作则，即发挥好自己认真工作的精神，力求精益求精，这样就能增添自己的人格魅力，同时也能无形中增大指挥工作的魄力。

刘墉的领导心智是：自己做好自己的事，才能让别人无话可说。否则，你就会成为别人的笑柄。

手段要硬，并且到位

　　一个人手段的软和硬，要视不同的对象而别，尤其要注意的是，不能在该硬的时候软，不能在该软的时候硬，最巧妙的手段一定是软硬到位的手段。

　　一个人的胆识越大，手段越厉害，终至大胜；无胆乏识，则底气不足，遇事必畏首畏尾，终致失败。从撤三藩的重大决策可以看出，康熙帝正因为具有过人的胆识，才使他强硬的手段一贯到底。

　　通过严格立法来约束官吏的行为是整饬吏治的一个必要环节，但却不是充分条件。因为任何立法都需要人来执行，因而人才是操纵胜局的关键因素。对此，康熙倾注了大量精力，除运用通用的考察办法对官员进行考察外，尤其注重亲自考察，并利用亲近大臣密奏的办法了解官员的真实情况。刘墉特别推崇康熙大帝，并善于学习其办事手段。

　　乾隆二十七年（1762 年）十二月，在吏部尚书傅森、梁诗正（均为刘统勋的同僚）等人的极力推荐下，刘墉被授为山西太原知府。

　　在清代，府是省与州县之间的一级重要行政组织，其长官称知府，原系正四品，乾隆十八年后改为从四品。

　　山西东连直隶，西邻陕西，南接河南，北与大漠蒙古比肩，被视为京师西南部的重要屏障，地理位置相当重要。而太原府地处山西中部四通之地，地位之重要，可想而知，故历次授官均以繁难待之。

在刘墉以前，刘家曾有多人做官山西，并做出过重要政绩，都在当地老百姓心目中留下过清官的形象。刘墉的堂祖父刘果，康熙初年曾官太原推官，任内曾捐俸修文庙，设义学，兴修太原、榆次等地的水利，并废除了当地的好讼陋习，受到人民的称赞。刘墉的祖父刘启，曾于康熙四十三年出任平阳知府，任内周恤灾民，修葺文庙，重建鼓楼试院，纂修三十四县志，"吏惕民服，善政不可胜举。后升江西提刑，士民泣送之"。

刘墉的父亲刘统勋，曾于乾隆二十二年到山西查办过布政使蒋洲侵帑案、乾隆二十四年到山西查办过将军保德侵帑案，声誉颇佳。《山西通志》称："乾隆二十二年，以刑部尚书按狱山西并清查亏空，一时墨吏罢斥几尽，而循良者多获保全。逾年，归化城有私伐官木之案，又以协办大学士奉命协巡抚塔永宁往鞫，得实，自将军以下悉按如律。轺车所历，中外肃然。"刘墉的堂伯父刘铤煜，曾以举人历凤台、曲沃、平陆知县，死于平陆任上。任内轻徭薄赋，与民休息。曾谏止修天井关及阻止西征期间对曲沃民的加派，受到当地的爱戴。死后"曲沃民感其惠，争往赙之"。

刘墉出任太原知府一职，应该说是有压力的，一是他此前从没有独立管理地方的经历，却忽然间被派到这块繁难之地，担负起总管一方的重任，心中不免没有把握。二是他的祖上曾在这块土地上做出过政绩，在当地老百姓心目中留下过很好的口碑，自己总不能给刘家清官的形象抹黑吧！再者说来，自己初任，总应该给皇上留下个能干的印象，一来不辜负皇上的恩典和父亲的期望，二来也好为自己以后的仕途升迁奠定点基础啊。他不能不认真办事。

有鉴于此，刘墉接到吏部知会后便进宫向乾隆做了辞行（惯例知府上任前要受到皇上的接见，作为一种辞别仪式），随后便踏上了西去的旅程。

刘墉此次到太原赴任，或是因走得匆忙，或是他向来俭朴，总之他并没有像其他官员那样，走马上任前要大换行头，而是破衣破帽，一身的朴素。他在一首《赠钜琛侄》的诗中就写道：

> 帽破衣残到太原，故人犹作旧时看；
> 才华莫叹江郎尽，风貌真怜范叔寒。
> 北上帝京鹏路近，南归生男凤巢安；
> 今朝且预龙山会，黄菊红萸露满盘。

一路上也没有骚扰驿站，《泽州道中》写道：

> 暮色苍然野气温，天西余赫似朝暾；
> 荒村过客将求火，小店招商未掩门。
> 入肆鸡豚丰岁有，在堂蟋蟀古风存；
> 大行西下吾能说，元气微茫带水浑。

在刘墉上任以前，太原府因种种原因已积累一大批疑难案件，其中不少案件已积压多年。刘墉到任不久，就将数十件案件审理一清，因此受到官绅百姓的一致称赞。

山西本为贫瘠之区，财政收入不多，却地处交通要道，清代用兵西域多经此地，前后骚扰数十年，费用颇多。加之官蚀民欠，各地府仓库普遍空虚，根本无法应付地方上的不时之需。刘墉上任后即注意此事，先后筹措资金购谷三万余石，储为府仓，公私赖以为便。

由于刘墉在太原知府的三年任期里确实干了一些实事，如清积案、整顿仓储等都受到人们的肯定，故光绪《山西通志》评价他说："以翰林出为太原知府，迁冀宁道。丰裁峻整，习掌故，达政体，于吏事以勤慎著称。"

担当大任，就要有责任感

做人要有责任感，特别是那些担当大任的人，就更要有责任感，顾炎武说："天下兴亡，匹夫有责。"讲的是做人的责任感。领导之道亦然。

提升生活的第一步，就是学会对自己负责。在决定继续深造或选择工作时，要想清楚自己的动机，是为了追求自我实现，还是为了别人？不妨问问自己，这一生中最重要的是什么？

生命是自己的。想活得积极而有意义，就要勇敢地挑起生命的重大责任。没有人能领你走一辈子，只要不辜负每一个日子，每天就会有新的收获，美好的生活要靠你自己创造。

对自己负责是一项艰难又费时的挑战。要能了解自己，发掘自己的优缺点，再不断调整及修正。还得注意不受主观成见的影响，逐一吸收于己有益的经验。

乾隆四十七年（1782年）七月，刘墉就任工部尚书一职。

工部虽居六部之末，但作为掌管工程水利、屯田及官营手工业等政令的机构，历代不可或缺。早在春秋战国时期，即有司空等官的设置。

在任工部尚书的近一年时间里，刘墉除兼署吏部尚书、国子监事务、尚书房总师傅等职外，他主要主持了国子监辟雍的修建、内廷换琉璃瓦事宜。

乾隆中叶，清朝进入极盛。乾隆的自得心理在各方面都能体现出来。在文化上搞了一部旷古未有的《四库全书》，但他还有一些遗憾，如国子监的辟雍年久失修，与中央最高学府的地位很不相称，更重要的是，没有辟雍，天子无法驾临，而天子不驾临国子监，对于崇文佑古的乾隆而言，总像缺少点什么，也与盛世不相符。

乾隆四十八年（1783年）二月初，乾隆驾临国子监行祭奠先师孔子礼后，便欲效法前代圣王，搞一次临雍讲学大典，遂于初七日下令修建国子监辟雍。派礼部尚书德保、工部尚书兼管国子监事务刘墉、侍郎德成，前往阅视，度地鸠工，诹吉兴建。

当天，德保、刘墉等即将辟雍图式呈进御览，乾隆批道："据德保等将辟雍图式呈进，自应仿照礼经旧制度地营建。即著德保、刘墉、德成总司其事，敬谨承办，以光盛典。"

但辟雍工程并没有立即上马，原因是要仔细研究程式，准备物料，加之国子监缺水，无法直接修筑拌池，需要打井汲水等。故工程真正动工是在乾隆四十八年九月五日。

在此期间，刘墉曾于四月初和王杰、曹文埴、彭元瑞、金士松一起入值懋勤殿，随后又奉派与福隆安、和珅、胡季堂、金简、德成一起督办内廷换琉璃瓦事宜。

　　乾隆四十九年（1784年）三月，刘墉奏报辟雍工程事务，称殿基挖出的土多系沙土，不堪使用，除可以使用土方外，尚需添买黄土五百余方，又需要将不堪使用的土方九百五十余方运到安定门外城根铺垫，故需加拨银三千九百余两。乾隆接奏后非常生气，说：

　　所奏十分错误。殿脚地基，本来应该坚固，但河内既有挖出之土，又为什么不堪筑打使用，转欲将挖出土方运到城根平垫？另买黄土添用，往返运送，只是白白浪费银两。且将来打土入地，不能再加验看，最易作弊。况京城各处工程，俱筑地基，从未见有添买土方之事，自系该监督等因德成奉差在外，即藉词出运添买，为开销运价地步，总未能绝弊。而刘墉等不等德成回京商量办理，即行据呈具奏，自系为其所愚。刘墉于工程本未谙悉，朕自不加责备，至德保原属无用之人，其于工程，自更懵然罔觉，更不足责。此事著添派金简，将此项土方切实查勘，如该监督等果有借词开销情弊，即行据实参奏，等德成回京后，此项工程即责其二人办理。将此传谕金简并刘墉、德保、德成知之。

　　随后即以金简负责此项工程，而乾隆本人也时时过问此事。

　　闰三月二十四日，金简奏报辟雍工程事务，请将拌池水改为四尺等，以为更加壮观，没想到这次"讨好"又让乾隆给驳回来，乾隆批道：

　　朕的意思泮池止须三尺尽足适观，且易于添换新水，也可以免除停蓄垢污之虞，著传谕金简遵照妥办，务率同该监督等将灰土砖石如法成做，筑打坚实，不使稍有渗漏，方为妥善。至殿座四面，仍应添安擎檐，庶足以壮观瞻，且所需费亦属无多，仍照原奏办理。

　　该工程于乾隆五十年初竣工，辟雍建于彝伦堂前，圆顶方宇重殿，桶扇四向各成三间，殿内合为一。宽深皆五丈三尺，外周以廊，深六尺八寸，出檐四尺三寸，池内方基长宽各十一丈二尺。池圆径十九丈二尺，四达以桥，桥各长四丈，宽二丈二尺，池周围有栏。竣工之时，乾隆钦派大学士伍弥泰、大学士兼管国子监事务蔡新、祭酒觉罗吉善、邹奕孝为临雍进讲官。

　　与此同时，乾隆还令将太学门、集贤门、绳愆厅、博士厅、六堂等处原有的横式匾额改换竖额，加添清文，以示满汉文字并行不悖。为了告诫后人，他提倡汉文化并非遗弃满洲赖以立国的"国语骑射"等传统，乾隆还亲自撰写了兴建辟雍碑记，来体现这种思想。其《御制国学新建辟雍圜水工成碑记》称：

　　国学者，天下之学也。天子之学曰辟雍，诸侯之学曰泮水。北京之国学，自元历明以至本朝，盖五百余年矣。有国学而无辟雍，名实或不相称，虽有建议请复，以乏水而格部议，至今未复，乾隆四十八年春始有复建之谕，五十年冬乃全部竣工。

　　北京为天下都会，教化所先也。是工之举也，恐后人执复古之说，于一切衣冠典礼皆效汉人之制，则朕为得罪祖宗之人，甚属不宜也。朕的子孙要体会朕的此心，于可复古者复之，其不可复古者，断不可泥古而复之，夫徒有复古之虚名，而致有忘祖宗之实失，非下愚而何？予不为也。予敬以是，告子孙，以保我皇清万年之基也。

　　乾隆防微杜渐工作做得很好，搞一个辟雍大典，本是汉族王朝的做法，是显示一下盛世，夸示一下宏伟，但他又担心他的子孙误会了他，以为一切都要取法汉制，因而发谕旨专就此事讲明他的真实态度。

乾隆五十年二月，临雍大典如期举行。乾隆对辟雍工程颇为满意，除礼部尚书德保因典礼时安排有失免予议叙外，刘墉、金简、德成等都给予议叙。乾隆自己也赋诗四首以为纪念。

认准的事，就要大胆去做

一个人一生总会碰到很多困难的事情，或者是退让，或者是挺进，这两种不同的选择自然导致不同的结果。有些人有一股韧劲，对待自己认准的事，大胆而果敢地做下去，这叫气魄。

敢于大胆去做的人常说："我总有机会！"失败者的借口是："我没有机会！"失败者常常说，他们之所以失败是因为缺少机会，是因为没有成功者垂青，好位置就只好让别人捷足先登，等不到他去竞争。

可是有眼力的人决不会找这样的借口，他们不等待机会，也不向亲友们哀求，而是靠自己的努力去创造机会。他们深知，唯有自己才能给自己创造机会。

有人认为，机会是打开成功大门的钥匙，一旦有了机会，便能稳操胜券，走向成功，但事实并非如此。无论做什么事情，就是有了机会，也需要不懈的努力，这样才有成功的希望。

乾隆二十四年（1759年）九月，刘墉调任江苏学政，对该省吏治风俗多有观察，敢于揭露其中的弊端，提出了不少令乾隆感兴趣的建议。

作为清代学术和文化的中心，这个地区的士人风气以及他们对朝廷的态度，直接关系着清朝统治能否获得稳定和加强。因此，历代皇帝和大学士对该地区都极为重视，康熙和乾隆六次南巡，很大程度上就是为了笼络东南士民，强化对该地区的控制。乾隆时期，大学士尹继善在东南地区长期担任总督和巡抚，前后长达二十七年之久，其原因在于尹继善精于文学，善于通过以文会友与文人学士联络感情，因而深获当地士人的拥戴，他在东南的政绩成为清朝成功推行文治政策的典范之一。

在清代历史上，尹继善不仅因其卓越的政治才干出名，而且，他在文学史上也占有重要的一席。他是雍乾之际八旗文坛享有盛誉的领袖人物。尹继善和乾隆在政事上时有冲突，但二人却有一个共同的爱好，那就是吟诗。乾隆以诗遣闷，以诗抒怀，称自己"爱乐纷哉何所托？积成三万首余吟"，意思是说自己用诗抒发情怀，前后多达三万余首，数量之多几乎可以与全唐诗相比。与之相似，尹继善"生平没有别的爱好，就好吟诗"，"写的诗奇多"，"去世的时候，满床都是诗稿"。尹继善写诗不仅数量多，而且具有较高的文学价值，清人说：尹继善的诗"婉约恬雅而切近事情，深有思至"，"清词丽句，虽专门名家自愧不如"。

有意思的是，尹继善自己好诗，其家庭成员受其影响，也纷纷以诗文相尚。其夫人"贤淑能诗"，长于应对，诸公子也勤习诗文，其中，第三子庆玉最为出色。清代文坛广泛流传着这样一个故事：一天，尹继善退朝，对庆玉说：我今天累了，皇上让我和春雨诗，我来不及做，你赶快为我做一首，我明天上朝要带去。等庆玉将诗写成送给尹继善的时候，尹继善已经熟睡。第二天，尹继善将要入朝，诸公子都侍立在台阶下，庆玉心里十分担心，怕尹继善嫌自己的诗不好，不料尹继善一见庆玉就向他拱手说：拜服！拜服！想不到你的诗写得这样好。回头对婢女说：赶快将我的莲子给三哥吃。第四子庆桂（嘉庆时担任大学士）笑道：我今天又得到了一个诗题。诸公子问什么题，应桂说：见人吃莲子有感。

尹继善在东南任职的时候，凭借自己对文学的爱好，与东南知识界建立了极为良好的关系，人称他"爱才如命"，"只要是见到有才能的人，就想方设法提拔资助"。他的幕府更是聚集了大量名流，故其诗有"幕府多才罕俦匹，儒雅风流谁第一"之句。

不仅如此，尹继善还和诸名士同游名山胜水，诗酒赓和，略无虚日，像曹西有、秦大士、蒋士铨等都是经常出入两江制府的知名人物。而尹继善才思敏捷，也颇受当地文人的推崇，时人记载说：尹继善刚到江南，遇到海宁文人杨守知，知其为老名士，于是加以赞扬。杨守知却叹惜道：感谢你的好意，可是我年纪已大，不可能有什么作为了，"夕阳无限好，只是近黄昏"。

尹继善应声答道：不能这样说，先生难道没有听说"天意怜幽草，人间重晚晴"吗？

杨守知骇然，出门对人说：不料小尹少年科第，谈吐竟然如此风流！

乾隆十三年（1748 年），尹继善与东南著名诗人钱陈群相遇于苏州，二人吟诗唱和，多至十余回仍不罢休，一时送客的人都疲倦不已，当钱陈群到达嘉兴的时候，尹继善还派人追送和诗一首，钱陈群于是致书请求休战，说时间过得太快，实在不能再和了，愿公告诉所有的人，就说香树老子（钱陈群号香树）战败于吴江道上，怎么样？这时刚好东南另一年轻文人袁枚路过苏州，他在尹继善那里看到钱陈群的信以后，提笔写道："秋容老圃无衰色，诗律吴江有败兵"，尹继善看后十分高兴，转而又与袁枚唱和不休。这件事后来成为清代诗坛的一大佳话。

在与尹继善交往的东南文人中，袁枚是地位最为重要的一位。袁枚，字子才，号简斋，乾隆四年（1739年）中进士时，年仅二十四岁。在清代，袁枚以诗文、文学扬名于世，为诗坛宗仰者达五十年之久。袁是乾嘉时期东南士人的领袖人物，对该地政治和文化都具有较大的影响力。尹继善到东南任职以后，和袁枚建立了极为密切的关系，二人经常谈诗论文，同食同住，袁枚可以不待尹继善宣召即入督署，甚至"直入内室"，尹继善姬侍也不回避，以致人多物议，袁枚诗文集中，关于尹继善父子的诗文多达二百余篇，继善去世，袁枚悲不自胜，做《哭望山相公六十韵》，数年以后仍思念不已，有《梦尹文端公诗》：

已绝人天路不通，无端昨夜坐春风；
离离燕寝清香在，款款慈云笑语同；
白发三更红短烛，黄鸡一唱降帷空；
莫嫌梦境迷茫甚，到底今生又见公。

其辞凄切婉转，非泛泛应时之作可比。

应该说，尹继善在担任两江总督时注意与东南文人广泛交往，建立密切关系，并非只是出于文人气味相投的兴趣，也绝非是单纯为了追求风流，而是具有实实在在的政治动机。因为东南不同于内地，就是普通百姓，文化素质也较内地为高，要使民情悦服，单靠清廉和才干还远远不够，像黄廷桂本系雍乾之际一大能臣，但任两江总督不到三年，就被搞得声名狼藉，连乾隆也说："黄廷桂不适合在江南地区做官，因为南方人风气文弱，黄廷桂性情急躁，他和这里的人几乎是水火不容"，"江南地区遭到黄廷桂呵斥的人当然心中怨恨不已，就是受到他奖励的也不感恩戴德，长期下去，他怎么能在这个地方行使其权威？让他在这里干下去可以说是用非所长！"因此乾隆让尹继善取而代之。

确实，江南地区发达的文化要求地方大吏不但要清正廉洁，而且要懂得顺乎自然，宽缓为政；不但要推崇儒家政教，而且要懂得奖扬斯文，引导风流。派具有深厚儒学素养和文学修养的尹继善到江南为官，可以说政得其人，人尽其才，时人称尹继善"就论风雅已压群公"。"在江南地方推行仁政，百姓乐业，官吏倾心，不敢稍微违犯法律。"当老百姓听说尹继善要到江南任职，便欢呼雀跃，"奔走相告"，而当尹继善去世的消息传出，东南悲声一片，"军民悬画像，士女咽悲喉"，即反映出他十分清楚治理两江地方的诀窍。对此，精敏的乾隆心里也很明白，所以他说："满洲科甲官僚中，长于文学而又通晓政事的，尹继善是第一。"

刘墉能被选派到江苏这样一个文化大省做学政，充分体现了乾隆对刘墉在安徽学政任内工作的声名，及对刘墉管理学务能力的信任。但这只是一个方面。另一方面是，刘墉有在江苏开展工作的便利条件。

刘墉的父亲刘统勋此前多次负责南河河工，在江苏的时间比较长，熟悉那里的风土人情；刘家在江苏拥有众多的朋友或门生故吏，如前面提到的江苏文化名人大多与刘家有这样那样的关系。时任两江总督的尹继善也是刘统勋的同僚和朋友。乾隆二十五年（1760年）秋，也就是刘墉到任的第一年，前辈钱陈群为送主试江南的儿子钱汝诚返回北京，来到江宁，遂招往江宁出差的刘统勋，聚会于尹继善的府衙。

这次聚会，尹继善曾赋诗多首与钱陈群相戏谑，其中一首诗：

一曲寒流抱小洲，荒亭散步亦优游。

只看红叶遍经雨，未赏黄花已过秋。

北去有人随远雁，宵来无语望牵牛。

适逢扶杖鸳湖叟，笑问何时返八驺？

可见三人关系比较密切。有此良好的社会关系，又有安徽学政的三年经历，刘墉主持江苏学政工作自然就顺手多了。

刘墉这次视学江苏颇为认真，考取生员比较严格，诸联《明斋小识》就记载说："昔日刘石庵相国视学江苏，严肃骏厉，人多畏惮，至四十二年复任江苏，则宽厚平和，与前次不轻易取悦秀才迥然有别，即使年例不符合者，也准予赏给衣顶，并能对科场运气不佳者给予照顾。"于此可窥见其风格及其变化。

刘墉还认真考察当地的风俗民情及官方士习情形。乾隆二十七年秋天，刘墉在离开江苏省前夕，将此向乾隆做了汇报，算是对他观风察俗工作的一种总结。其中特别谈到了对监生的管理等问题：

监生中有喜欢滋事，胆大妄为的人，府州县官多所顾忌，并不加惩处。以致他们不仅害怕刁顽百姓，而且害怕蛮横的监生，狡猾的胥役。对于涉及监生的案子既不能及时审断，又不想明定是非。确定罪责之后，应该扑责革退的监生，并不责革，实属疲玩不堪，讼棍奸吏因此得以行其奸谋。不只是他们目中已无学政，甚至有心欺诈督抚。

此疏深切当时江南官场之积弊，因而受到乾隆的高度重视，乾隆在随后下达的上谕中指出：

刘墉所奏，切中该省吏治恶习。江南士民风尚，多属浮靡好事，当地地方有司，又加以疲沓姑息，遂致此等恶习日益严重，牢不可破。所以，近来封疆大吏懈弛弊端，直省中唯有江南最为严重，这本非刘墉一人私下看法。尹继善、陈弘谋在督抚中外任时间最久，而且向来好以无事为福，况且经历事情既多，上下一团和气的作风竟成故智。他们所辖官员又大半属往年旧属，因循生玩，往往遇事姑容。甚且狡猾劣员，近来借口办差，有意延搁公事者更不而足。积习颓靡，不知振刷。此等情状，即使当面责问尹继善、陈弘谋，他们亦应当难以自解。

况且督抚为属僚表率，既然上司就不能有所振作，那么所有下属又有谁不承风？至于上行下效，怠惰之势已经形成，谁负责任？则朕惟于督抚是问耳。尹继善等当以此痛除旧习，刻自振作，如果州县官确有怠玩相沿，如刘墉所奏各情节，即当严行体察，据实参奏。若不知自改，而转以被揭怨恨他人，更难逃朕洞鉴。

后来，他又多次在谕令中谈到这个问题，可见刘墉所奏在乾隆心目中的影响。

不管谁，都不能越规

不管你是谁，不管你做什么事情，都必须有一个尺度，或者说有一条规章，如果越过了他们就会导致不堪设想的后果，这也是衡量一个人是否能守住自己身心的一大标志。

人生不可能随意所为，必须有自制，而且自制是成大事者必不可少的一项基本素质。你想，你连自己都约束不住，怎么能控制自己呢？

自制可以说是努力的同义词，也是适应能力的一部分，是成大事的不可缺少的素质。自制，就是要克服欲望，不要因为有点压力就心里浮躁，遇到一点不称心的事就大发脾气。七情六欲乃人之常情。但人也有些想法超出了自身条件所许可的范围。食色美味，高屋亮堂，凡人皆所想到。但得之有度，远景之事，不可操之过急，欲速则不达也。故必要控制自己，否则，举自身全力，力竭精衰，事不能成，耗费枉然。又有些奢华之事，如着华衣，娱耳目，实乃人生之琐事，但又非凡人所能自克，沉溺其中而不能自拔，就不是力竭朽衰的小事了，这样的人必然会颓废不振，空耗一生。

人的一生要想成大事，应该面临许许多多的压力，才能锻炼自己，才能有所得，务必戒奢克俭，节制欲望。只有有所弃，才能有所得。乾隆二十六年（1761年）春天，江苏沛县有位五十七岁的老监生阎大镛，因不满官府摊派粮款、差役，愤而抗粮拒差，并大骂官员扰民。事后担心官府报复，离家出逃，但不久即被官府捕获入狱。

阎大镛身为监生，非不晓道理之愚昧百姓可比，所以要受到更为严厉的惩治。在官府对阎大镛进行审讯的过程中，作为总管江苏学子教化的学政刘墉也参与了此案的审理，他的注意力没有放在案件本身，而是放在这位不守本分的监生有无不法文字上。

经过认真访查，刘墉得悉阎大镛平日喜欢作诗，并从阎大镛家中搜出诗稿两张，还有他的祖父阎尔梅及伯父阎圻所著稿本，更重要的是，刘墉还获知阎大镛曾经焚毁过自著之书。刘墉怀疑阎大镛所作诗稿定有悖逆之词，否则他为什么要烧毁呢？于是刘墉将查访到的情况一面通报巡抚陈弘谋，一面细心研读所获书稿，遇到他认为有问题的文字，直接封送乾隆御览裁决。

五月二十九日，乾隆接到刘墉的奏报及所呈缴获的书稿后，极为重视，当即给署理两江总督高晋及江苏巡抚陈弘谋发去严厉查办的谕旨，谕旨说：

"据刘墉奏，沛县监生阎大镛抗粮拒差，诬官逃走，旋经拿获未结一案，因其情形异常桀骜，随查出该犯诗稿二纸，并其祖阎尔梅、伯阎圻稿本，及阎尔梅犯罪时文移一本，粘签进呈，并查该犯家内无其诗稿存留，揆诸情理，必系悖逆之词，曾经销毁等语。阎大镛以监生抗粮拒差，情属可恶，治以应得罪名已无可宽待。至查出稿本名条，以朕看来，不过愚贱无知，尚无悖逆之语，如果牵连到其祖、伯等诗文，即以悖逆定案，却先置本案为轻罪，又不确切查清他烧毁灭迹之缘由，这种做法不仅不足以服本犯之心，而且众人或转而怀疑办理苛刻，非朕用法平允务得实情之意。况且烧毁一语也属于揣度之词，如果该犯平日果系居心悖谬，形之笔端，即使本人事先销毁，而天理定然不容，断不会令其毫无踪影，脱然漏网之理，不是有一二销灭不尽，即有留遗他处，使之旁出败露者。此正案中吃紧关键，该督抚果肯实心办事，详细研审，自无不明之理，如果确实有悖逆本朝形迹，即应从严处。著将原折抄录并粘签稿本，交与高晋、陈弘谋，令其确切严讯，并悉心采访，及该犯诗文有无留遗在外之处，秉公推勘，按律定拟具奏。"

当时正值查处违禁书籍之初，阎大镛一案经刘墉揭发，皇上追问，两江总督高晋等人如何敢不认真办理？故乾隆谕令到达江苏后，江苏巡抚陈弘谋立即会同高晋等开始对阎大镛进行拷讯，追查他所烧之书有无违碍字句。

在陈弘谋等人的拷讯下，阎大镛供称，他在三十多岁时确实曾经刻印过自己所著的《俣俣集》。由于他的母亲二十四岁丧夫后一直守节未嫁，沛县县志却没有把她列为节孝之人，而某些不该列入者反得滥觞，阎心中不满，就在《俣俣集》内《沛县志论》一文中，对县志记载不公进行了讽刺。不久，有人将《俣俣集》举报给了当时的知县李棠，李棠随即派人将阎大镛拘至官府，大加申斥，并迫缴和焚毁了书版和已印的刻本。乾隆七年李棠被革职返回老家山东，此事便没有扩大开来。

高晋、陈弘谋审知此情后，认为阎大镛并没有将实情完全供出，他们认为，如果《俣俣集》只有《沛县志论》一文存在问题，自当采取抽换的办法，何必要全毁呢？而且李棠办理此案没有留下卷宗，说不定书内还有其他悖逆之句，李棠为息事宁人，遂将全书销毁。

然而严讯阎大镛，阎大镛坚决否认。

为了彻底搞清《俣俣集》的内容，高晋、陈弘谋一面上奏请乾隆令山东巡抚阿尔泰派人将革职家居之李棠解来江苏质讯，一面派手下到民间认真访查遗存之《俣俣集》。高晋、陈弘谋的手下官员竭尽全力，明察暗访，终于找到了两本遗留民间的《俣俣集》。总督巡抚连夜阅看，发现阎的文字，或讽刺官员，或愤激不平，或狂诞不经，悖逆显然，当即将情况及所获《俣俣集》奏报了乾隆。

六月二十五日，乾隆接到了高晋等人的奏报后，大为恼怒，当即在原折上批示："如此情节可恶，自当照吕留良之例办理！"也就是要辗转牵连，大肆杀戮！

然而乾隆心里也清楚，阎大镛抗粮拒差案的发生，实因地方官为应付乾隆二十七年南巡而加派粮差所起，在他南巡之前骤开杀戒，究与盛世巡游一事不和谐，因此不愿意将事态扩大从而造成江南士林的紧张局面。所以，他在批发高晋的奏折后，很快又下发了一道禁止株连的谕令。谕令称：

"据高晋查奏阎大镛折内称，该犯剌讥愤激，甚至不避庙讳，并有狂悖不经语句。如此情节可恶，自当照吕留良之例办理，已于折内批示矣。后又将原书阅看，其悖逆尚不至如吕留良之甚，尽管他不避庙讳，犹可说是村野无知，但该犯书内笔舌诋毁，毫无忌惮，如果将其姑容宽纵，则此等匪徒不知悛改，反因此次查办益肆其怨诽，允其所至，必将入于吕留良一派，该犯断不可留，著传谕高晋等，勘得确情，即将阎大镛按律定拟，速行完案。此外不必似吕留良之案辗转推求，以致株累。"

七月中旬，阎大镛《俣俣集》案审结，阎大镛被杀，家人也受到不同程度的连累。原知县李棠因已死去。故免其追究。当时高晋、陈弘谋等为急于将审判结果尽快报告乾隆，特用驿马四百里驰奏，受到乾隆的申斥。乾隆在七月十六日的上谕中称：

"今日高晋、陈弘谋所进奏折，由驿四百里驰奏，朕意现在正值时雨普降，恐河工或有冲刷，关系地方紧要之事，及阅之，不过审拟阎大镛一案及调补知府而已。此等事件，照常派人进呈，也不会迟缓，何必动用驿马？殊为不知轻重。高晋、陈弘谋著传旨申饬。"拍马却拍到了驴蹄子上！两人原欲借此邀功，不料却碰了一鼻子灰！

阎大镛《俣俣集》案的发生实由刘墉举报而起，这是他得罪士林的重要一项。但刘墉举报阎大镛一案，除了向乾隆邀功升官的个人因素外，也是当时政治大气候使然。就在刘墉这次出任江苏学政期间，即有浙江归安人沈大章私刻逆书陷害汤御龙案、鲍体权张帖邪言案（均在乾隆二十四年七月）；浙江常山人林志功捏造诸葛碑文案（二十六年五月）；江西余腾蛟诗词讥讪案（二十六年九月）、江西泰和人李雍和潜递呈词案（同月）；甘肃成县人王献璧投词案（十月）、浙江临海训导章知邺笔记荒诞案（十二月）发生。

尽职尽责做好每件事

> 恪守职责是本分的象征，不能够做到这一点，一定就会看歪了眼，走歪了路，不但误己，还误人。一个人做自己要做的事应该有这样的态度：要么不做，要做就做最好。

对成功的期盼来自四个字——"尽力做好"，这就是渴望取得成功这一心理的根源所在，你也许已经无数次地听到或使用过这四个字。骑车郊游，或到公园悠闲漫步，这又有什么不对的呢？在你生活中，为什么不能仅仅去做一些事情，而并不一定非得"尽力做好"呢？"尽力做好"这种误区心理会使你既不能尝试新的活动，也不能欣赏目前正在从事的活动。

不追求完美，温斯顿·丘吉尔曾讲过一句著名的话：

"唯尽善尽美者为上"。

这句话表明，总想取得成功的心理会使你陷入一种惰性之中。

是的，事情追求完美，就要拼命做好，这表面上看确是一种好事，但它却会使你自己陷入一种生活的瘫痪。在日常生活中，你确实可以找到一些自己真正想做的事情，想拼命地去做好。但大多数情况下，尽力做好或仅仅是好好地做这种心理本身便是阻碍你做事的障碍。不要让尽善尽美主义妨碍你参加愉快的活动，而仅仅成为一个旁观者。你可以试着将"尽力做好"改成"努力去做"。

乾隆四十五年（1780年）三月，刘墉于乾隆南巡行在觐见后被授予湖南巡抚，同年五、六月份到任。

湖南古时属荆州之域，明代属湖广布政使司所辖，设有偏沅巡抚于沅州。清初因之。康熙三年（1664年）分置湖南布政使司，为湖南省，并移偏沅巡抚驻长沙。雍正二年（1724年）改偏沅巡抚为湖南巡抚，并归湖广总督兼辖，有长沙、宝庆、岳州、常德、衡州、永州、辰州、沅州和永顺九府，澧州、桂阳、郴州、靖州四直隶州，南州、乾州、凤凰、永绥和晃州五直隶厅，共有六十七州县。辖域东至江西义宁，西至贵州铜仁，南至广东连州，北至湖北监利，是一个辖区辽阔的省份，也是一个拥有民族较多，情况比较复杂的地区。

刘墉上任伊始，即遇武冈、邵阳、黔阳等地发生水灾，冲坍兵民房屋并淹死人口事件。刘墉立即督同属员进行抢险救灾，大水过后，又奏经乾隆批准，向灾民发放银两，供修理房屋和埋葬死者之用；对于庄稼被冲毁的农户，则借给籽种以便补种秋收作物。随即具折向乾隆奏报有关情况。

作为以自然经济为基础的清政权，为了保证财赋收入以维持国家机器的正常运转，向来重视对农业生产的经营管理，确立有地方督抚等官员定期或不定期向皇帝奏报风雨年成的制度，并把能否督率地方兴修水利、开垦荒地等内容作为其考成的重要内容。武冈等地受灾一事，刘墉在接获乾隆的批谕后，并没有将续行情况奏报乾隆，这使乾隆极为不满，随于七月二十九日特下谕旨指出：

前据刘墉奏报：武冈州等处雨后发水，有冲坍营房民居并漂溺人口之事，现在查明给发银两，修葺埋葬，其被淹地亩酌借籽种一折，业经批发，此时谅已接到，何未续行明白速奏？救灾济民之事不可延缓也。著再传谕刘墉，务行查明各处被灾确实户口，照例抚恤，其被淹地亩有可以补种者，即行及时借给。该抚务宜督率属员，实心妥办，俾各均沾实惠，以符朕轸念灾黎至意，仍著将如何抚恤情形速行覆奏。被灾各处，前已查明，照例抚恤，淹伤地亩酌借籽种工本；今复委员覆勘，续查出被淹人口房屋田地，俱补行抚恤借给……

刘墉遵旨办理，并把有关情况向乾隆做了汇报。

同年十一月初，乾隆上谕给各受灾地区督抚，询问来年春天是否有需要加恩蠲免赋税的情况，刘墉遵旨奏报称：

武冈、邵阳、黔阳三州县于本年夏间猝被水灾，业经照例抚恤，旋值秋成，仍获稔收，堪资接济，访察民情，实已得所。兹接奉谕旨，询问明春应否加恩，已飞饬该州县，将被灾各户再加体察，如应酌量借给以纾民力，俟查覆到日，另行奏闻……

由于这份奏折没有将三州县是否应该加恩蠲免情况明确告诉乾隆，

因而再次受到乾隆的指责。乾隆在谕旨中指出：

前经传谕受灾各省督抚，询问明春应否加恩免征赋税，原恐灾民正赈之后，时后青黄不接，民力不无拮据，或有应需展期赈济之处，今该督抚酌量情形奏闻，以备新政降旨加恩。如果民情得所，无需接济，即应以毋庸加赈奏覆，至酌借口粮籽种等事，只需该抚酌量情形自行查办，不值因此特降谕旨。今该抚折内既称灾民已沾实惠，堪资接济，又称来岁春耕有无缺乏，如应酌量借给粮种，另行查奏，殊未明晰。本日勒尔锦、闵鄂元俱经奏到，著将折录交刘墉阅看，似此方为合式。刘墉系新任巡抚，或未能谙习，或存书生之见，以为既经奉旨询问，不肯直言毋庸加赈，不知朕轸念灾黎，方降旨垂询，有何不可据实直陈乎？此虽观过知仁，究亦不可。将此谕令知之。

在此期间，刘墉还对湖南各地仓储进行了盘查整顿。此项工作在前任巡抚李湖任内既已开始，刘墉接任后即对通省常平仓进行了盘查。并规定用其平粜盈余银买补缺额及修补朽坏仓厫。他在乾隆四十五年七月的一份奏折内称：

湖南通省常平仓谷，现在并无缺额，而历年平粜盈余银实存二万八千余两，将来按年续收，渐有增多，如遇常平缺额之时，即将此项拨给，以充买补之需，其各属仓厫朽坏者，仍请于此项内动支兴修。

四十六年二月，刘墉又对湖南社仓进行了盘查整顿。他上给乾隆的奏折称：湖南社仓本息谷共存近六十万石，自乾隆二十二年以后未经捐增，上年通省丰收，当令长沙、善化等二十一州县循例劝输，随经各属报捐至十六万石，现已另立仓房社长分别收贮。至旧存谷，除本谷留贮备借，其历年收存息谷，请照安徽、江西等省例变价存司，以为民田水利及随时抚恤之用。

这次整顿社仓活动一直持续到乾隆四十七年初刘墉离任时，颇具成效。刘墉称：

> 社仓成例，准予秋收之后劝谕捐输。湖南省自乾隆四十五年长沙、辰州等属捐谷十七万三千五百余石，上年湘阴等属又捐谷十二万余石，合旧存本息谷五十余万石，颇为充裕。现饬各该州县，于城乡要地缮治仓廒，新旧分贮，并选殷实之人充当社长，责成州县官实力稽查，不令胥吏涉手，以备农民接济。如遇俭岁，例得免息，于贫民更沾实惠。

另据刘墉于乾隆四十六年十二月所上《奏报捐收秋谷数目以备农民接济折》称，乾隆四十五年共劝捐十七万多石，加上乾隆四十六年所收几万石，累计刘墉任内共劝捐仓谷近三十万石余，颇资调剂之用。

在湖南巡抚任上，刘墉还进行了勘修城垣奏准开采湘南铜矿等工作。

湖南各地城垣经清初修治后，多年失修，其中不少已破败不堪，前任巡抚李湖时已着手修治长沙城垣。刘墉任内又对其他地方城池进行整治。刘墉任内修理完固城池二十七座，原来完好城池三十三座，应行缓修城五座，原无城八处。

第八章

用权是为做事，而不是为谋私

领导用权绝不能为私利，而应当以公心做事为重，否则就会走上危路。因此，千万不能滥权，而是要以严格的态度做人，踏实的态度做事，把自己塑造成一个"工作的领头羊"。

左宗棠的领导心智是：掌握好自己手中的权力，用到公正处、用到关键处。

掌权即用计智之表现

有些人手中有了些权力，便不知哪面朝前，以至于滥用一气，最终不定哪一天被打回原形。只有明白了使用权术应多多结合谋略智慧，而且越用越顺手，越用越大，才能最终成为一名成功者。

左宗棠自初入湘幕，防守湖南有"功"，步入官场，经过几年的摸爬滚打，已熟知官场中的那一套，比如，组个楚军，再攻太平军，官衔便步步高升起来，一直升到浙江巡抚，组织起了金华会战。正当左宗棠率所部近万人投入金华决战之际，清军福建记名提督秦如虎于七月十九日（8月14日）攻克位于金华南面的处州府（今丽水），使太平军金华守军失去一面屏障。八月，由广西按察使调任浙江布政使的蒋益澧带领广西左江镇总兵高连升的八千湘军经湖南、江西进入浙江与左宗棠军会合。闰八月十三日（10月6日），高连升攻占寿昌。九月初二日（10月24日），左宗棠移营距龙游城五里处的新凉亭，部署对金华外围的进攻。他饬令蒋益澧、刘典、高连升在北、西、东三面猛攻汤溪，以打破金华与汤溪等地的掎角之势。汤溪太平军顽强拼搏，与敌军血战数日，守住了该城。左宗棠对汤溪攻剿不利，"恐未免旷日持久，致滞戎机"，于两军的相持中寻找新的突破口。恰在此时，曾国荃的湘军正加紧围攻天京，李秀成则率十余万太平军驰援天京，抵达天京城南，展开了雨花台

大战。李世贤奉洪秀全之命，带领太平军七万余人从浙江赶到江苏，参加了这次战斗。李世贤率军离浙，使金华一带的太平军在同敌军的对垒中失去了优势。左宗棠乘机调整战略部署，计划"俟龙游、汤溪攻克，缓攻金华，急攻严州"，以图在金华北面的严州打开缺口，形成对金华的围困之势。九、十月间，左宗棠分军数路进攻龙游、汤溪、兰溪、严州等地，同太平军交战数十起，双方均有胜负。太平军依靠"各城及附城诸垒坚不可拔"，"遂以死守城垒穴墙开炮为得计"，导致"官军逼攻愈猛，伤亡愈多"，使左宗棠时常"不得已仍收队而还"，只能发出"盖攻坚之难如此"的感叹。但左宗棠深知攻下龙游、汤溪、兰溪三城的重要性，尽管其军队伤亡颇多，还是坚持硬攻。他指出："龙游、汤溪两城为金华要道，必两城下、后路清而可攻金华。兰溪一水直达严州，必兰溪下、饷道通而后可攻严郡。"十一月，左宗棠又一次调整主攻方向，他认为太平军"以金华为老巢，恃严州为掎角。严州地势，外通皖南徽、宁两郡，内达杭州，形势尤重"，于是，他派遣精兵猛攻严州。十一月十四日（1863 年 1 月 3 日），严州落于左宗棠军之手，金华北面的屏障已失，左宗棠狂妄地说："现在严郡既克，金华右臂已断，如能速克兰溪，则严州之水运通，金华孤而杭州亦震，龙、汤两城之克亦当不远。"在这危急关头，驻扎在湖州、绍兴的太平天国戴王黄呈忠、首王范汝增、梯王练业坤率十余万人增援金华。李世贤离浙后，负责节制金华一带太平军的忠裨天将李尚扬亲赴汤溪前线指挥反击，多次扑向左宗棠大营，太平军在金华战区仍然还有可为。但是，太平军个别将领的变节行为，使左宗棠轻易攻取了汤溪。同治二年正月初九日（1863 年 2 月 26 日），驻守汤溪的太平天国战将彭禹兰向敌军密约乞降，遂于第二天将李尚扬等八名战将诱到城外，被埋伏于此的蒋益澧部湘军俘获。十日夜，蒋益澧率兵攻城，彭禹兰则开启西面城门，引狼入室。尽管城内太平军进行了殊死的反抗，但已抵不住湘军的攻势，十一日晨汤溪陷于敌手。十二日，龙游、兰溪的太平军在经过数月"忍饥顽踞"后，鉴于汤溪已经陷落、李尚扬等主将被俘的情况，主动从两城撤离，左宗棠"见三城已复，正拟南取永康、武艾，北取浦江，为进捣金华之计"。适接蒋益澧飞函报称太平军援军黄呈忠与金华守军已从金华遁走。这样，左宗棠在十三日不战而得金华，这是他始料不及的。他说："金华府城最得地势，城垣坚固异常，考历代浙中兵事，均以此为关键，攻取之难，十倍他郡。此次乘胜而克，实非愚臣意料所到，……浙事转机或在于此。"

越发明亮的利剑使无论是敌人或是对手都望而生畏，所以左宗棠的官运地位也是直线上升。敌人见了他害怕，对手见了他让座，都因为他的那把已顺手的权力之剑。

千万别滥用权力

在有些私心者看来手里握有权力，心中便硬朗。能用手中之权力亮亮自己的招牌，也实则是人人乐此不疲的过瘾之举，如果用得好，用得利索，说不定手中的权力会愈来愈大，愈来愈有威力。但左宗棠最忌讳的是滥用权力！

自道光三十年十二月十日（1851年1月11日）太平军于广西桂平市金田村正式起义后，至咸丰二年五月（1852年6月）的近一年半时间内，他们在广西境内同清军对战。此后太平军在洪秀全的带领下，冲出广西，进入湖南。在湘南，太平军连克道州、郴州等重镇，清廷为之震惊。太平军突入湖南，使湖广总督程采极为恐惧，想躲到省城避祸，并函请尚在广西的钦差大臣赛尚阿督师湖南，赛尚阿又把湖南军务推卸给程采。鉴于这种状况，咸丰皇帝一面严旨赛尚阿、程采同办湖南军务，一面改任广西、湖南、湖北三省巡抚，想以此来加强内线的防御。这样，担任云南巡抚的张亮基被清廷任命为湖南巡抚。

太平天国农民起义军接连攻克道州、郴州，围困长沙，由湘南至湘中，三湘形势危急。恰在此时，在贵州任黎平知府的胡林翼已向新任湖南巡抚张亮基推荐了左宗棠。张接受了胡的推荐，在赴湖南上任的路上，三次派专人携带书信到山中请左出山入幕，经张亮基遣人"备礼请"，胡林翼积极敦促，以及与左宗棠同居山中的好友郭嵩焘（字伯琛，号筠仙，湖南湘阴人）兄弟等人的劝说，加上左宗棠于道光二十九年在湘江与林则徐会面时听林亲口称赞张亮基是一个"直爽敏干"的官员，他遂决定应张之聘，成了湘抚的幕宾。此时，太平军攻打长沙之役正方兴未艾。

太平军在天王洪秀全、东王杨秀清率领下攻占湖南郴州后，西王萧朝贵率数千太平军从郴州出发，向长沙城发动进攻，打响了长沙战役。此时正值湖南新旧巡抚交接之际，张亮基尚未抵长沙，城防由帮办军务罗统典负责。但不久清军主力调往长沙和张亮基、左宗棠的到来，使清朝方面得以苟延残喘。也就在张、左进入长沙城仅四天之后，洪秀全、杨秀清统率太平军抵达长沙城南，双方鏖战更趋激烈。

左宗棠刚刚进入湘幕，便审度战场形势，向张亮基"干以数策，立见施行"。其中最主要的一条是他认为太平军"背水面城"，只有西路的土墙间、龙回潭是太平军的粮食补给线和唯一的西进路线，因此，他主张"先以一军西渡，扼其他窜，可一鼓歼也"。看来左宗棠是妄图将太平军扼杀于长沙城南，其胃口可谓不小。因此刻太平军攻长沙城甚急，城垣多次被太平军所用隧道爆破战术轰塌，张、左等人只得留在城中死守。但太平军进攻长沙八十余日也未能攻克，洪秀全决定从长沙撤军，十月十九日（11月30日）深夜，太平军主力从长沙经龙回潭转移，后转战于益阳、岳州等地，冲出湖南，进入湖北，左宗棠初次出山就显示出高人一筹的军事才识，足使清军将帅刮目相看。由于左宗棠防守湖南有"功"，清廷下旨将其以知县用，并加同知衔，他总算是第一次捞到了官衔，步入仕途。

但左宗棠明白"绚烂之极，正衰歇之征"：

先两日甫得尔都中四月晦日书，正以尔盘费少，直东军务正急，颇为悬系，今竟安然无它也。会试不中甚好。科名一事，太侥幸，太顺遂，未有能善其后者。况所寄文稿本不佳，无中之理乎。芝岑书来，意欲尔捐行走分部，且俟下次会试再说。我生平于仕宦一事，最无系恋慕爱之意，亦不以仕宦望子弟。谚云："富贵怕见开花。"我一书生，忝窃至此，从枯寂至显荣，不过数年，可谓速化之至。绚烂之极，正衰歇之征，唯当尽心尽力，上报国恩，下拯黎庶，做完我一生应做之事，为尔等留些许地步。尔等更能蕴蓄培养，较之寒素子弟，加倍勤苦力学，则诗书世泽，或犹可引之弗替，不至一旦澌灭殆尽也。世俗中人，见人家兴旺，辄生忌妒心，忌妒无所施，则谀谄逢迎以求济其欲。为子弟者，以寡交游、绝谐谑为第一要务，不可稍涉高兴，稍露矜肆。其源头仍在"勤苦力学"四字，勤苦则奢淫之念，不禁自无。力学则游惰之念，不禁自无。

而学业人品，乃可与寒素相等矣。尔在诸子中，年稍长，性识颇易于开悟，故我望尔自勉以勉诸弟也。都中景况，我亦有所闻，仕习人才，均未见如何振奋。而时局方艰，可忧之事甚多，外间方面，亦极乏才，每一思及，辄为郁郁。尔此后且专意读书，暂勿入世为是。古人经济学问，都在萧闲寂寞中练习出来。积之既久，一旦事权到手，随时举而措之，有一二桩大节目事，办得妥当，便足名世。目今人称之为才子，为名士，为佳公子，皆谀词不足信。即令真是才子、名士、佳公子，亦极无足取耳。识之。六年不见尔母及尔曹兄弟姊妹，又两新妇两孙，亦时念之。唯现在汪逆入粤后，凶焰尚张，其蓄意在窜江西，另寻生路。眷属来闽，必从江西取道，暂可缓之。俟贼踪有定，再由此间派人来接。将来恐须由长沙雇船到九江湖口，换船至江西广信府之河口，由陆路赴福建之崇安，雇船到福建省城，方为妥便也。（此路游勇土匪，无处无之，来时尚需带勇士百名防护）润儿今岁，原可不应试，文诗字无一可望，断不能侥幸。若因家世显耀，竟获侥幸，不但人言可畏，且占去寒士进身之阶，于心终有所难安也。尔母于此等处，总不能明白，何耶？前接尔信，索银甚急，已托周寿山由福建银号汇兑纹银八百两，交芝岑兄收转交尔用。想芝岑早已接得，除还借项二百两外，当以二百两送绵师，二百两送芝岑，余即留芝兄处，应酬各项。

曾国藩有一句话："为政须知下塘上岸"，讲的是进退之功；同样，左宗棠讲"绚烂之极，正衰歇之征"，道理亦相同。不知这些道理，恐怕会滥权。

洞悉全局后再出手

蛮干的人，只能把事情变得更复杂，有时甚至复杂得无从下手，无力回天。左宗棠在打仗之前，仔细分析敌我局势的细枝末节，直到心中有数，胜券在握，才进行他的实际行动，从而仗仗旗开得胜。

在众多的战争中，人们似乎见识了很多的闯将、猛将，但对一个富于智慧，深知兵法，文武双全的将军却知之甚少，尤其对诸如左宗棠的文韬武略，大家不一定能很全面地了解。

同治元年正月十五日（1862年2月13日），左宗棠以浙江巡抚的身份率军由赣北经皖南进入浙西开化，开辟了浙江战场。

浙江与天京、苏南同为太平天国后期的主要基地。李秀成、李世贤兄弟着意经营江浙，在浙江布有重兵。李秀成在攻克杭州后，北进江苏，两次攻打上海，旋率兵救天京之围。浙江战区主要由李世贤负责，他以金华为中心，以二十余万的兵力设重防于浙西、浙中地区，试图阻止左宗棠由西向东的进犯。同时，李世贤还设兵于宁波、绍兴，并会同汪海洋和李秀成部将分别防守杭州、湖州。此外，杨辅清部太平军在皖浙交界一带活动。

还是在咸丰十一年底左宗棠准备入浙之前，杨辅清率太平军进攻徽州，"意在扰徽郡以犯江西"，左宗棠"以徽郡为皖南、江西大局所关，且系臣军入浙后路，断不可任其滋蔓"，遂派刘典督兵赴婺源，以阻挡杨辅清的攻势。随后左宗棠率军由江西广信"拔营入婺"，进入皖南。

左宗棠与杨辅清在皖南展开激战，杨辅清战败撤退。此时，清廷正"因浙省军务紧要，迭经谕令左宗棠赴浙援剿"。清廷给左宗棠下达的进兵方案为：着左宗棠迅即督率所部兵勇，亲赴浙江衢州，收复金华、严州（今建德市），然后攻取杭州。但娴熟兵略的左宗棠认为，浙江大部分地盘已为太平军占据，在浙西仅有衢州府城为清军把持，该城已成孤注之势，一旦进入该城"后路将梗"。他根据多年的作战经验向清廷上奏指出：逆贼每遇坚城，必取远势包围，待其自困而后陷之，频年东南贼踪验之，历历不爽。办贼之法，必避长围、防后路，先为自固之计，然后可以制贼而不为贼所制。臣若先入衢城，无论不能固江、皖边围，亦且不能壮衢城声援，一堕逆贼长围诡谋，又成粮尽援绝之局。故决计率亲兵由婺入浙，先剿开化之贼，以清徽郡后路，饬所部老湘营由白沙关渐进，扼华埠要冲，以保广信而固衢城，这样，左宗棠率军以开化县作为入浙的突破口。而且左宗棠还以"正值戎马倥偬之会，有时奏报稍迟，或思虑未周，奏报未及详尽"为借口向清廷陈述其独到的用兵方略，得到了清廷的许可。

同治元年正月（1862 年 2 月），左宗棠攻占开化后，遂于二月克复遂安县城。他向清廷提出"依傍徽郡，取道严州"的建议，认为由李世贤设重兵的"金华介衢、严之中，城坚贼众，臣军若由金华进攻，则严州之贼必由淳、寿一带潜出包抄，亦非善策。善弈者置子四旁，渐近中央，未有孤立贼中而能善其后者"。但这时李世贤率大军出金华攻衢州，左宗棠只好从遂安回兵救援衢州。左宗棠同李世贤军在衢州一带交战相持两个多月，李世贤因久攻衢州不下回军金华，以龙游、寿昌、兰溪三县为犄角之势。六月，左宗棠在解衢州之围后，改变了原先拟订"直捣严州，以规省会"的用兵计划，认为"杭州守贼无多，贼之大势趋重金华。自应并力先将龙游、寿昌、兰溪、汤溪等处次第攻剿，撤其藩篱，犁其巢穴，然后分兵严、处蹙之，以取破竹之势"。于是，他制订了"先金华而后严、处"的进攻方略。从左宗棠战略的这一转变来看，他起初因兵力不足，不敢与李世贤决战于金华，想走捷径从严州进取杭州。而此时他在衢州一带屡败太平军，且"新募之勇陆续前来"，又"造船调炮，添设水师"，使左军的实力大为增强。这样，左宗棠决心在金华与李世贤决战，妄图于此歼灭太平军主力，为攻克全浙打下基础。从此，左宗棠结束了在衢州一带徘徊半年的局面，把进取金华作为战略重点，展开了金华一线的会战。

左宗棠能把战局及敌我实力分析得如此透彻，组织布局军队如此精辟，实堪称为一代儒将，用兵神出鬼没，战术变幻莫测，确实已摆脱了一般军事指挥者身上形影不离的那种打仗猛，指挥死搬教条的方法。这在战争中是指挥者所很难做到的。

在其位，绝不懈怠地谋其事

人们都说"在其位，谋其事"，说明别人信赖你，重用了你，把你摆在一个能更好发挥才能的位置，你就应不遗余力地在那个位置上发挥自己的能量，无论是遇到多么大的阻碍，你都应竭尽全力地去克服它、解决它，争取不负别人的一片赤诚信任之心。

左宗棠一生戎马生涯，驰骋南北，为晚清的统治耗尽了一生精力，然而他万万没有想到，老年的他还会进京入朝为没落的朝廷辅政。

左宗棠能够"入赞纶扉"，可谓是清廷对他这个功绩卓著、德高望重的老臣的倚重。他初到京城，即被召见两次，慈安太后谈及他数载"忧劳"，"声泪俱下"。清廷切望左宗棠能"襄赞"中枢。正是鉴于清朝统治中枢的腐败，人们也对左宗棠"入赞纶扉"抱有很大希望，以致"人皆以司马君实目之"。左宗棠抵京不久也看到"俄事和局已成，倭奴思效西国，多方要索"。因此，他不能容忍清政府再在对待日本提出的侵略权益方面一再退让，表示"此时万无言退之理"。严重的民族危机感和试图改变军机处、总理衙门一向"积弱"的高度责任感，使左宗棠毅然走上新任。

对于左宗棠任职中枢的情况，在翁同龢的日记中有一些记述。翁多年为光绪皇帝的师傅，且跻身清流，自然与左交往甚频。他们"初次识面"后，左就给翁留下"豪迈之气，俯视一切"的印象。左宗棠一改总理衙门对待外国公使毕恭毕敬的媚态，他召见英使威妥玛交涉鸦片加税等事宜，数议于总署，均"谈次有风棱"，使翁同感到左宗棠的举止确在"壮中朝之气"。

可见，左宗棠是把"河道必当修，洋药必当断，洋务必当振作"作为任政要纲努力加以实施，且取得了一定的成效。

修治河道是左宗棠的一贯主张。此时他把重点放在兴修京畿的永定河上。他在新疆赴京途经山西、直隶，目睹永定河失修所带来的严重危害。因此，他入枢垣后就倡议治理京畿水利。治理永定河属"直境之工"，左宗棠需商之李鸿章，结果是"李相则姑漫应之而已"，对左的建议并不支持。左宗棠只得调派他的部将王德榜、刘、王诗正率各军抵涿州一带修治永定河，他还"躬亲其役"，莅涿州工次，勘察金门闸坝，巡视南岸河堤。经四个多月的加紧施工，永定河疏通和加固堤坝等工程基本完工，被认为是"直隶十余年为之无成且群疑为不治者"的永定河经左宗棠的治理有了较大改观。醇亲王奕譞"遣人往阅，始叹为创见"。

左宗棠对外国的鸦片输入向来深恶痛绝。但第二次鸦片战争后，清政府在西方列强的坚船利炮威逼下被迫接受了鸦片贸易"合法化"的事实，这也是左宗棠个人的能力所无法解决的。清政府为减少鸦片输入和白银外流所造成的经济损失，于同治七年（1868）与英国驻华公使阿礼闲协商将进口鸦片的征税由旧额增加20%。但十几年过去了，增税的问题一直受到外国鸦片贩子的阻挠而未能实现。左宗棠痛陈鸦片烟毒给中国社会带来的严重危害，他提出以加税捐的办法来阻绝鸦片的建议，对于试图解决积重难返的鸦片流毒问题具有积极的意义。当然，从外国鸦片贩子的疯狂倾销和吸食鸦片已成为普遍存在的社会积弊方面来看，左宗棠这种堵厄塞漏的举措已经无济于事。

左氏关于"洋务必当振作"的主张是针对总理各国事务衙门成立二十年来在对外交涉与联系中遇事屈从、过于卑怯的外交格局而提出的。他担任总理衙门大臣后，决心一改前此的软弱格调，以"壮中朝之气"。因他任此职时间甚短，其在对外交涉中的表现仅能从与英使威妥玛谈论鸦片加税一事中体现出来。他说自己"奉命与闻各国事务，责无可辞，曾于接晤英使威妥玛时论及鸦片宜加征税厘冀可减瘾"。他以"权自我操"为谈判基点召见威妥玛，使"威妥玛无以难之"。但威妥玛为保护英国已取得的侵略权益，又在谈判中"语多反复"，"于加价一节，犹然若重有所惜者"，左宗棠认为如从其议，实与他的"期收实效本谋大相乖谬"。于是，左宗棠不仅驳回了威妥玛的无理狡辩，而且恳请清廷敕下各督抚将军对"洋药"予以加税，以行使国家的主权。左宗棠此举被时人称为"奇横有趣"，"可令彼族夺气"。清政府长期因"积弱"而媚于列强的习惯为之一改。所以慈禧太后对左宗棠做出了"尔向来办事认真，外国怕尔之声威"的评价，从中华民族反对外国侵略的角度观之。这无疑是对左宗棠一贯勇于维护民族尊严的爱国举止的最高褒奖。

左宗棠入政枢垣后，以身作则，反对结党营私的官场弊端和不负责任的官僚作风。他说："自入国门以来，每闻朋侪许与之，谈辄逊谢不遑，且以党附为戒。遇言者指摘枢垣，必面陈勿予驳斥，以开言路。"

尽管左宗棠在入京辅政期间成绩斐然，且有目共睹，而他却被排斥出枢垣，这只能说明清朝统治集团的腐朽确已达到了惊人的程度。然而，左宗棠并没有因为"入赞纶扉"的挫折而后退，他依然在两江总督任上为加强海防和投入新的抗法斗争而努力拼搏着，他的行动恰与李鸿章的诬蔑不实之词相左。

左宗棠为政，"力戒官场习气，少爷排场"，这既是他的家风，也是他为政做人之规则：

得沈观察书，知尔等廿一日抵西安，计期腊月十一二可到。督署三堂后有房屋尽彀住家。一切已谕知易、温两巡捕妥为照料。尔等既来，自以兰州住下为是。我已奏明出屯哈密（距肃十八店，且中间须过八百里戈壁也。），伊犁事了，乃可回兰。尔明正来肃见我（须将家眷老小安顿妥当），可坐加套快车，住肃旬日仍回兰州。在督署住家，要照住家规模，不要沾染官场气习、少爷排场，一切简约为主。署中大厨房只准改两灶，一煮饭，一熬菜。厨子一、打杂一、水火夫一，此外不宜多用人。两孙须延师课读（已托石翁代觅），尔宜按三、八日作诗文，不准在外应酬（见杨石翁用姻愚侄，臬司、兰州道府以下均用三字片可也。）

我问各事，可先写一信来，要详细明白，至要至要。

请记住：左宗棠的训诫"不要沾染官场习气，少爷排场，一切简约为主"。

规摹局势，先后缓急

一件事情在不同人的眼里手中，看待处理的方法也大有不同，有些人不分事情之中的轻重，到手就做，结果把过程变得十分复杂，以至于到最后鸡飞蛋打，只落得自己穷抱怨。

但如左宗棠，指挥几十万军队，遥遥万里去荒漠边关打一场漫长的仗，其中的前期准备、进军安排、后勤保障却如同神在幕后参与了一般。

用兵贵在节制精明。而要做到节制精明，首先要做到"规摹局势，先后缓急"，这与左宗棠上面说的"临阵复出以小心，则事无不济"是一个道理。

治军的目的是用军。治而不用，或者用而不治都属于无道之将帅。

孙子说："用兵的规律如同流水一样。流水的规律是避开高处而流向低处，用兵的规律是避开敌人兵力实处而攻击敌人虚弱的地方。流水因地形制约其流向，用兵则要因敌情来决定取胜的策略。用兵作战没有固定不变的态势，流水也没有固定不变的流向。能根据敌情变化而取得作战的胜利，这才称得上用兵如神。"因此，每次战斗，左宗棠要"亲履行阵，于敌情、敌势、地势刻意讲求，颇有所悟"。这里的"颇有所悟"，实际上就是对敌情做出正确判断后，破敌之策成竹在胸的心理活动。

在收复新疆的战斗中，左宗棠一如既往地"规摹局势，先后缓急"。他认为"关内关外用兵虽有次第，然谋篇布局须一气为之"。而"就兵事而言，欲杜俄人狡谋，必先定回部，欲收伊犁，必先克乌鲁木齐"，而且"天山南北两路，旧有富八城、穷八城之说。北自乌鲁木齐迤西，南自阿克苏迤西，土沃泉甘，物产殷阜，旧为各部腴疆，所谓富八城也。其自乌鲁木齐迤东四城，地势高寒，山溪多而平川少；哈密迤南面西抵阿克苏四城；地势褊狭，北可制南，南不能制北"。"官军出塞，自宜先剿北路乌鲁木齐各处之贼，而后加兵南路"从而"致力于北而收功于南也"。

我们一直觉得，左宗棠这位儒将打仗就像写文章一样，"规摹局势，先后缓急"无疑是动笔前的整体构思，在这个被称为创作过程中最为艰苦的阶段，他要根据不同的文体和要求，对素材进行分析，对题材进行挖掘，并且还要围绕着主题来确定重点，进行详和略的安排布局，甚至还要对文章的结构进行策划。在"谋篇布局一气为之"后，左宗棠便开始展示他大手笔的魄力和胆识。

打仗不是写文章。但是，把仗当成写文章的人，一定是一个出色的将领。

既然把打仗看成是写文章，那么就要遵循文章之道。而文章之道最讲究一气呵成，这样才能够首尾相映，气韵贯通。但是要做到这一点，就必须在下笔前认真构思，反复揣摩，在已经达到呼之欲出的境界时，才可能立马可就。

这就是左宗棠在打仗时惯用的缓进急战之策略。

如，在收复新疆的军事行动中，仅筹运军粮就用了一年半的时间。而收复疆北路仅用了五个月的时间，收复吐鲁番、达阪、托克逊三角地区耗时则不到半个月。进攻南路用了四个半月时间，整个收复新疆的实际战斗时间仅仅用了七个多月。这也就是说，左宗棠的大部分时间都用在战斗的准备。对此《左宗棠》的作者安静波先生这样记叙道：

> 小到每一旧运道的修筑，新运道的开辟，从某个地方采购军粮的利弊得失，每军每月需多少粮食，以及进行某个重大战役事先需运多少军粮，分储在什么地方？需用多少车驼？行多少路？每战之前，对进攻部队（包括第一梯队和第二梯队）、截击部队和防守部队之间的配合，对进攻时间的选择（尽量避开严冬和酷暑）以及收复失地后的善后工作等等，都要经过仔细周密的筹划，都要耗费左宗棠大量的心血，可谓殚精竭虑。

如此说来，打仗这篇文章其实并不好写。左宗棠的兵法之一是"宁可缓进，断不可轻退"，他说：

> 弟入闽以后，唯上冬刘克庵副帅小挫一次，旋即复振。龙岩克后（康军之力），继克南阳（刘、王两军之力）汪逆老巢。而高、黄两军之攻漳城，屡获胜仗，尤足寒贼胆而固民心。弟驻师延平，就近兼拿盗匪，拟即晋省办事。因汪逆时有北窜之意，故暂仍未动。杨、简两镇新募之营亦到，兵力足敷。外间谣言退驻浦城，并无是说。弟自办军务以来，

拿定主意，宁肯缓进，断不轻退。其制贼之略在保完善之区、制鸱张之寇。初奉督办之命，即以此上陈，至今未敢变易，故于广德、宁国之不剿不防必抗疏争之。无如三函两牍概置脑后，卒酿此时闽、粤纷纭之局也。尝叹东南大局，若有实心任事、稍通方略者三数人及早经理，断不至蔓延流毒至今。见在大局虽稍有眉目，然戡乱之人实不多靓。而运气却好，亦不可解。岂古来所谓命世英豪亦半凭运气耶？抑国家景祚方隆，群盗固应数尽耶？伯爵两辞，未蒙鉴谅，不敢为再三之渎，实则非家门之福。弟之不受贺，而申谕家人以忌满之说，由衷之谈，非有所矫执也。浙之官民均切去思。新抚马毂山一遵旧令尹之政，遇事虚怀商榷，稍可慰意。闽事败至不可堪，徐中丞以廉慈闻，实则衰庸充位而已。战事尚顺，惟贼意欲下海以赊死。其汪逆一股时思北窜，现虽极力截剿，未知果无漏逸否。淀甥、癸侄已早安抵营中，且令其留心学习。喜幕中多端士，无各军民气污我素丝耳。

左宗棠说："自办军务以来，拿定主意，宁肯缓时，断不累退。"而一旦投入战斗，就要"取急风雪雨之势"，以"急战"之态，一气呵成，令敌毫无还手之机。在古牧地之战中，左宗棠仅用六天就击败敌人主力；达阪之战，左宗棠用四天就消灭了敌军。

在总结收复新疆的战斗时，左宗棠说："南疆底定，以事功论，原周秦汉唐所创见。盖此次师行顺迅，扫荡周围万数千里，克名城数十百计，为时则未满两载也，而决机制胜全在'缓进急战'四个字。"

左宗棠作为一儒将，并非仅知习文弄字，对中国兵法之研究也是有其独到之功夫的。如，这一"缓进急战"其实与孙子的"兵贵胜，不贵久"和"兵之情主速，乘人之不及，由不虞之道，攻其所不戒也"是一致的。对这种战术,《六韬》是这样评价的:"故知者,从之而不释;巧者,决而不犹豫。是以疾雷不及掩耳,迅电不及瞑目。赴之若惊,用之若狂;当之者破,近之者亡。孰能御之。"

第九章

一定要用好为自己办事的人

不管你是一个什么样类型的领导，以善用人为自己的强项，是必须的成功法则。做不到这一点，就不能人尽其用，让你的事业难以有效地拓展开来。怎样用人呢？答案是："用能人！"

胡雪岩的领导心智是：善待所有可用之人，用宽心容人之过，一旦看准可信之人就给他们放权。

看准的人才，就委以重任

做任何事都离不开人才，没有人才是绝对寸步难行的。李鸿章的"领导学"中显明地体现了这一点，因为他相信："看准的人才，就要以责任。"

李鸿章认为，江苏和各省一样，官场腐败到了极点，而上海更为突出。其特点是官吏不知礼义廉耻为何物。为了贪财捞钱，他们不惜媚外卖权，从中以饱私囊；为了满足一己之私欲，他们相互勾结，巧取豪夺，置国法而不顾。

通过全面了解，李鸿章在 1862 年致曾国藩的书信中指出："上海十年来大发公家财者，要数吴、杨、俞三人最为突出，其丑恶名声已远近皆知。"

吴指的是吴煦，字晓帆，浙江钱塘（今杭州）人。初以捐纳历任江苏嘉定等县知县，后署理松江知府，曾勾结反动官绅与英、法、美等侵略军镇压上海小刀会起义。1858 年冬，升任苏松太道，后升署江苏布政使，兼管上海海关事务。此人一向媚外，多次勾结外国侵略军入上海设防，以阻击太平军，为人狡诈，爱财如命，贪心特重，名声极坏。

杨指的是杨坊，字启堂，浙江鄞州区人。初在上海以贩卖鸦片致富，因勾结洋人镇压上海小刀会起义而升任苏淞粮储道，综理"夷务"。

1860 年太平军进攻上海时，他勾结美国人华尔组织洋枪队，与太平天国为敌，并以其女嫁华尔为妻。此人与吴煦沆瀣一气，"挟夷自重"，控制了上海的人事、财政和外交大权。

俞指的是吴煦、杨坊的心腹俞斌，他与金鸿保、闵剑一起，充当吴、杨二人搜括民财的得力干将，上海人民对其恨之入骨。李鸿章虽然对这种情况作了调查了解，主观上很想把江苏一省尤其是上海的官场腐败风气扭转过来，但在客观上却心有余而力不足。因为他初到上海，强龙难斗地头蛇，但为了求得淮军的生存，他采取了"有选择地加以惩治"的办法，尽自己的能力对吏治进行了一番整顿。

他在《奏保郭嵩焘片》中向朝廷表白了自己的基本意见：首先设法把那些盘踞重要部门、控制实权的"贪诈同党"撤换下去，代之以"亲近人贤，匡所不逮"的人员，以便把上海的人事、财政和外交大权掌握在自己的手中。早在李鸿章率淮军从安庆动身赴上海之际，他的老师曾国藩就明确告诉："不把吴煦去掉，政权就不能做到统一，上海的事情就不能办理好。"通过对上海的实情分析考察，李鸿章决心把吴煦、杨坊之流作为首要打击目标，作为整饬江苏吏治的突破口。在奏准革除吴煦身边数人职务的同时，采取海关与厘金分途、以厘税协济饷需的政策，虽仍由吴煦掌管上海海关，但职权大大削减。1862 年 11 月，李鸿章又下令免去吴煦苏淞太道一职，另委当过上海县令，"熟悉了解洋人情况，才能出众，善于筹饷"的长沙人黄芳接任。与此同时，又先后荐举道光进士，曾任知县、知府的被绅民称之为"刘青天"的河南太康人刘郁膏为署理江苏按察使、布政使。

为了使江苏一省的军、政、经济全权牢牢控制在自己的手中，也为了将江苏一省的吏治整顿一番，在以惩治吴煦、杨坊为突破口之后，李鸿章千方百计网罗人才，建立和不断充实自己的幕府，把他的同乡、同学、亲朋好友都集结在他的身边。李鸿章幕府中的重要人物大多由奏调或从属吏中特委兼办。一般幕府人物或由函招、或由札委或自来投效，或辗转推荐而来，形式多种多样，人才也五花八门。他们的职务都受李鸿章奏派督导；他们的地位既为私人宾席，又可以随时因功奏保升迁，授以实缺；他们的薪水大半由所属局所或军营供给，虽不是完全的官俸，也不是来自李鸿章个人的腰包。这一点，大体上与曾国藩的幕府相同。

但李鸿章幕府有一个明显的特点，就是从实际需要出发，把一个人的能力放在首位，不太看重功名和地位，很少聘请道学先生和文学侍从。从而被聘入李鸿章幕府的人，一般都能各有所能，专长得到较为充分的发挥。在襄办营务方面才能出众的有钱鼎铭、冯桂芳等；在办理文案方面非常出色的有凌焕、周馥等。在征收厘捐和购置洋人军火方面，不仅人数较多，而且一般都较精明干练，廉洁自守，其主要人物有先后主持江苏牙厘总局和淞沪厘局的薛书常、王大经、郭柏荫、陈庆长、王凯泰等；有主持后路粮台的陈鼐；有主持军火购置的丁日昌、冯光等。这些人中，最受李鸿章器重的是丁日昌、王凯泰、郭柏荫3人。

丁日昌，字禹生，又作雨生，系贡生出身，广东丰顺人。1859年任江西万安知县，不久入曾国藩幕府。李鸿章赏识其才，早在援沪之初，他就向曾国藩请求调到他的身边来，没有结果。1862年，丁日昌奉命到广东提督昆寿军营"协助筹办战守，督办火器。"李鸿章又趁机向广东方面咨调，被拒后又于1863年专折奏准调来上海经理军械火器的购置和制造。丁是一个洋务方面的特殊人才，曾介绍容闳赴美国购买机器，参与筹设上海机器局，是李鸿章在江苏巡抚任上的一个得力助手，或者说是李鸿章幕府中的一个起重要作用的幕僚。王凯泰，字补帆，江苏宝应人，道光进士。1863 年经李鸿章奏准襄办营务处、江苏牙厘局后，办事"开明精细"，也是李鸿章幕府中一个举足轻重的关键人物。郭柏荫，字弥广，号远堂，福建侯官（今福州）人，道光进士。1853 年奉命在籍举办团练，授郎中之职，1863 年被李鸿章以"老成雅望"来到上海以僚属用，先后署理江苏按察使和布政使，兼办厘务，在李鸿章幕府中起了重要的作用。

放开眼光，大量培养人才

什么领导，能否放开眼光，关系到决策的长短。因此，领导的眼光往往直接及能在决策是否合理、长远。李鸿章领导之道是：把目光盯在长远处，大量培养可用之才。

为了培养技术人才，李鸿章还积极主张送学生到海外培训。他说："西洋制造之精，实源于测算格致之学，奇才迭出，月异日新。即如造船一事，近时轮船铁胁一变前模，船身愈坚，用煤愈省，而行驶愈速。中国仿造皆其初时旧式，良由师资不广，见闻不多。官厂艺徒虽已放手自制，只能循规蹈矩，不能继长增高，即使访询新式，孜孜效法，数年而后，西人别出新奇，中国又成故步，所谓随人作计，终后人也，若不赴西厂观摩考察，终难探制作之源。"为此，早在 1871 年他就会同曾国藩奏请朝廷批准，于次年派第一批幼童赴美学习，这是中国派遣留学生之始。至 1875 年，先后派出 4 批，共计 120 名。学习出色者有詹天佑、唐绍仪、梁敦彦等。

1876 年，他又派遣淮军中下级军官卞长胜等 7 人，随同洋教习赴德国学习陆军。次年初，又会同福建船政大臣沈葆桢联衔奏准，选派福建船政局前后学堂学生 26 名、艺徒 4 名，赴英、法两国学习制造驾驶。

同年，第一批赴欧学生出国。在法学习制造的多分赴各矿厂学习开采及冶炼、冶铸工艺诸法，均得到文凭，学成后并游历英、法、比、德各国新式机器船械各厂。赴英学习驾驶的，先入格林尼次官校，后陆续调入铁甲船学习，历赴地中海、大西洋、美利坚、非洲、印度洋等处操练排布迎拒之方。离船后又专请教习补授电气、枪炮、水雷各法，均领到船长文凭。在这批留欧学生中，学习制造出色者有魏瀚、陈兆翱等，学习驾驶出色者有刘步蟾、林泰曾等。此后又派遣了两批。

1885 年，李鸿章鉴于学习制造的学生，原定学制 3 年为期太促，"所学不全"，建议改为 6 年；学习驾驶的学生，每年仅有两个月在大兵船上实习，"阅历亦浅"，建议每年改为 6 个月在船上实习，以增加阅历，但原定学制 3 年不改。

总之，为培养技术人才，李鸿章做了许多努力。注意"权由我操"，"雇用洋匠，进退由我，不令领事、税务司各洋官经手，以免把持。"譬如，1870 年李鸿章接办天津机器局时，即在该局"精练华工，酌裁洋匠"，并将主持局务之洋员密妥士辞退。不久，又将金陵机器局主持局务的洋员马格里辞退，用较为内行的中国人龚仰遽指挥调度。

能饶人，就饶人

　　胡雪岩在经营过程中，是非常注重"面子"的作用的。同样，他也十分注意维护别人的面子，一个人的信誉破坏了，对大家都不利。所以他坚持"得饶人处且饶人"。

　　胡雪岩出道的时候，就显出这种气度。王有龄用胡雪岩捐助的五百两银子捐官成功后，回到杭州，得知胡雪岩为此丢了饭碗，落拓不堪，他当时就要还上信和钱庄的五百两银子，为胡雪岩洗刷恶名。他弄清了借据的内容，利息算法，立即就在海运局支出六百两银子，要去了了这笔账。

　　他穿上官服，吩咐跟班备轿，让人准备鸣锣喝道，要和胡雪岩一同前往。按他的想法，自然是要以自己的威风，为胡雪岩扬一扬名，顺便也替他出一口恶气。

　　但胡雪岩却拒绝了。他并没有得理不饶人，而是设身处地地为别人想一想。他不去的理由很简单，信和钱庄的"大伙"就是当初将他开除出信和的张胖子。

　　如果此时他和王有龄一同前往，势必让张胖子非常尴尬，大失面子。而如此张扬而去，传扬开来，张胖子在同行、在东家面前的面子也没有了。这是胡雪岩不愿意的事情。

　　他不仅不与王有龄同去，而且还叮嘱王有龄捧信和几句，也不要告诉他们已经见到了胡雪岩。这使王有龄对胡雪岩的做法不禁赞叹道："此人居心仁厚，至少手段漂亮。换了另一个人，像这样可以扬眉吐气的机会，岂肯轻易放弃？而他居然愿意委屈自己，保全别人的面子，好宽的度量！"

王有龄理解了胡雪岩的用心，单独去还这笔借款时，也做得漂亮。他特意换上便服，也不要鸣锣开道，且将官轿换成一顶小轿到了信和。由于信和当初就将这笔五百两银子的款子当作一笔收不回来的死账，因此他们也没把胡雪岩代王有龄写的借据当一回事，不知随便扔到哪里去了，此时王有龄来还钱，居然遍找不到。当钱庄张胖子将此情况据实相告之后，王有龄不仅没有为难他，而且二话没说，拿出该还的连本带息五百五十两银子，只要求对方写一个已经还清的笔据，至于原来的借据，以后找到，销毁就是了。

这一出了清旧账的戏确实"演"得漂亮。正像王有龄所想的那样，胡雪岩本来就受了冤枉，且不仅为此丢了面子，而且丢了饭碗，以至落魄潦倒到给人打零工维持生计。现在终于可以为自己洗刷恶名，换上一个人，大约真的不会肯白白放过这次为自己挣回面子，让自己扬眉吐气一回的机会。但胡雪岩首先想到的，却是如何保全别人的面子，难怪王有龄会打心眼里佩服他："好宽的度量！"

在对待吃里爬外的朱福年时，胡雪岩还是牢牢记住"饶人一条路，伤人一堵墙"的道理，使这件事处理得极为漂亮。

一定要善待可用之人

在没有竞争的压力、看不到利害攸关与生存危机的情况下，人们多安于现状，乐以忘忧，往往不知居安思危而危险自至，正所谓"生于忧患，死于安乐"。

不过，在胡雪岩身上就没有那么多的现成饭、平安果可吃了，因为他是商人，他要在市场的风险与竞争中谋求发展，他需要人才，也离不开人才的使用。因此，投到他的门下，就要尽可能地发挥自己的能量。

谈生意，要动嘴；做生意，要动手；跑生意，要动腿。生意是一件实实在在的、操作性很强的事情，是智力才识的高度运用。没有良好的才识，在商业活动中是难以立足的。可以说，做生意既是才识的发挥，也是智力的竞争，对于经营者来说，重要的是能拥有为我所有、所用的一批各方面的人才。

胡雪岩以其天才般的眼光，认识到人才在商业经营中的重要性，因而不惜代价地挖掘、笼络人才。他眼里的人才，首先是要眼光好。所谓眼光好，就是能运用丰富的经验和知识，敏锐地观察、捕捉信息，抓住机遇，大胆迅速地做出恰当的判断。只有如此，才能在充满风险、复杂多变的生意场中占据主动地位。但眼光手腕两个方面都做到家的人才是很难得的，正如"千军易得，一将难求"，他除了要有高智商的良好素质外，还要久经沙场、见过世面，在商场的搏击中积累了经验，磨炼出良好的心理素质和不凡身手，能处变不惊，反应敏捷，举重若轻，有运筹帷幄的本事。

要靠自己的眼光去发现人才，舍得花力气、花心思去实际考查，去为自己找到真正的人才，也就是要"看了人再用"。生意场上的竞争凭借的既是财力，更是人力，用人不当，受害的一定是自己。

胡雪岩在创业之初，就特别注意自己考查选用人才。而且，他对于人才的考查既细心周到，手法也很是不俗。

比如他聘用刘庆生做自己阜康钱庄的"档手"，就很用了一点心思。刘庆生在跟了胡雪岩之前，只是大源钱庄一个站柜台的伙计，身份其实很低。胡雪岩本来就是杭州城里钱庄行当里的人，在聘用他之前，自然是认识他的。但也仅仅只是认识，实际并没有太多的了解，终归只是从表面印象感觉他是一个可造之才罢了，胡雪岩此时想要用他，自然要来一番考查。

胡雪岩考查他的办法很别致，他知道刘庆生是余姚人，找来刘庆生之后，一开始只和他海阔天空、不着边际地大谈余姚风物，又从余姚扯到宁波，由宁波扯到绍兴，闲扯了个把钟头，也没有进入正题，把刘庆生弄得云山雾罩莫名其妙甚至有些懊恼。好在他本来就有极坚忍的性情，也能够耐心地听胡雪岩"瞎扯"。

其实，胡雪岩也正是以此考查刘庆生的忍耐力；然后借闲谈问刘庆生钱庄方面几个问题，以考查刘庆生临场应变与对本行的熟悉程度；似乎在不经意中还问到杭州城里钱庄的牌号，借此了解刘庆生的记忆与观察能力。刘庆生对答如流，显示出不凡的本事。经过这一番巧妙的考查，胡雪岩才最后断定此人有着不同寻常的眼光与能力，也才决定大胆予以使用。

胡雪岩确有一番收服人心，化敌为友的大本事，这是他能够纵横商场，把自己的生意越做越大的重要原因，这当然也确实是他的"大本钱"。

以情动人最管用

胡雪岩对下属的管理，不仅仅是物质鼓励，更多的是感情投资。他深知"得人心"的重要，对下属总是设身处地地关心照顾，帮助他们解决实际困难，祸福同当。他曾对手下的人说过："我请你们帮我的忙，自然当你们一家人看，祸福同当，把生意做好了，大家都有好处。"

他非常注意对自己下属的感情投资，他全心帮助郁四处理家务，他细心筹划玉成古应春和七姑奶奶的婚事，他撮合阿珠姑娘与"小和尚"的姻缘，他为漕帮解决困难……所有这些，都是在做感情投资。而这些感情投资收回的"利润"，便是他有了这一大批眼光手腕都相当不错的人全心全意地帮他。

胡雪岩深深懂得，要得到真正的杰出之士，只凭借钱是不能成事的，关键在于"情""义"二字，要用情来打动他们。他就是用这样的手法，为朋友王有龄追揽了一名得力的助手嵇鹤龄。

却说王有龄做官以来事事顺利，正当他春风得意的时候，却接手了一件意想不到的任务。

新城有个和尚，公然聚众抗粮，抚台黄宗汉要王有龄带兵剿办。然而新城民风强悍，吃软不吃硬，如果带了兵去，说不定会激起民变。

候补州县里有个叫嵇鹤龄的，主张"先抚后剿"，主意很是不错，但是他恃才傲物，不愿替别人去当这送命的差使。尽管嵇鹤龄穷得叮当响，可是他就是不谈钱，不哭穷。胡雪岩自觉非说动嵇鹤龄不可。

刚好嵇鹤龄新近悼亡妻，于是胡雪岩穿上袍褂，戴上水晶顶子大帽，坐上轿子，带上随从，径直前往拜访。

胡雪岩找到嵇鹤龄的家，声称来拜亡人，要嵇鹤龄出见。无奈嵇鹤龄以素昧平生为由，拒不出见。

站在庭院里的胡雪岩早已料到嵇鹤龄会采取拒人于千里之外的态度，但他还准备着一步棋。只见他款步走到灵堂前，捧起家人刚才点燃的香，毕恭毕敬地行起礼来。

这一招确实够厉害的，因为依照礼仪规矩，客人行礼，主人必须还之以礼。嵇鹤龄无奈，只好出来，请胡雪岩入室相坐。

待一坐下来，胡雪岩便展开了他那练就得炉火纯青的嘴皮功夫，说了一阵恭维、仰慕之类的话。嵇鹤龄听了这些话，清高的傲气也就消减了一半。

"嵇兄，还有点小东西，是王大人托我面交给你的，请笑纳。"说着，胡雪岩掏出了个信封，递了过去。

嵇鹤龄接过信封，掏出来一看，原来里面是一叠借据和当票底根，只是上面盖着"注销"的印戳，或写着"作废"二字，不是废纸，又是什么呢？

原来这些都是胡雪岩通过自己在钱庄、当铺的熟人做的手脚，给嵇鹤龄取出来的。

嵇鹤龄被胡雪岩的言谈和举动所打动，言语之间也就缓和下来了。

嵇鹤龄知道胡雪岩是王有龄倚重的人，刚刚见到他时还心生戒备，但在胡雪岩这一番事情做完之后，不仅戒备防范之心尽数解除，相反还对胡雪岩生出一种由衷的佩服。

此刻日已近午，胡雪岩便请嵇鹤龄出去摆一碗。嵇鹤龄家中没有内助，四处杂乱无章，凌乱不堪，只好主随客便。于是进屋换了布衫，和胡雪岩携手出门了。

数日后，嵇鹤龄在王有龄的安排下，亲赴新城，结果不负众望，大功告成。他协同地方绅士，设计擒获首要各犯，解送到杭州审讯法办。抚台黄宗汉已经出奏了保案，为有功人员请奖。只是作为首功之士的嵇鹤龄却只给了一个明保。

胡雪岩深知其中有鬼，回去封了两万银票给黄宗汉的老家汇去。然后通知王有龄可以去见抚台了。抚台当面答应王有龄调任后的浙江海运局差使，由嵇鹤龄接任。事情至此，一个本来难解的难题终于成了皆大欢喜的局面。

可以看出，胡雪岩用非常高明的手段收服了嵇鹤龄。他的做法有两个不可忽视的作用：

第一，从感情上打动嵇鹤龄。嵇鹤龄丧妻未久，除不多的几个气味相投的知己朋友之外，还没有多少人来吊唁，胡雪岩对于他的亡妻的真诚祭典，以及由此见出的对于嵇鹤龄中年丧妻的不幸的同情，一下子就打动了他。

第二，帮在实处。嵇鹤龄一直没有得到过实缺，落魄到靠着典当过活的地步。帮在实处，便见真情，使嵇鹤龄更没有理由不感动。而且，更绝的是，胡雪岩知道嵇鹤龄有一种读书人的清高，极要面子，是决不肯无端接受自己的馈赠的，因此，他为嵇鹤龄赎回典当的物品，用的是嵇鹤龄自己的名号，并且言明，赎款只是暂借，以后嵇鹤龄有钱归还时，他也接受。

这样，不仅为嵇鹤龄解决了实际的困难，而且也为他争回、保住了面子。有此两端，我们也就难怪嵇鹤龄这样一个十分傲气的读书人，会对胡雪岩这一介商人的行事作为刮目相看了。

第十章

不动声色却有震撼力

领导管理时要有喜怒不形于色的控制力，千万不可随意爆发自己的火气。这就是说，以一种不动声色、舍而不露的心智运筹自己的计划是一种求稳式管理手段。

慈禧的领导心智是：尽量多考虑大小难题，采取多种手段稳固自己。

坐在背后操纵人

"双簧戏"的特点是一人在前，一人在后，一动一说，配合协调。假如坐在背后的那个人不按照事先约定好的去说，前面动的人就会乱了手脚。这种方法用在操纵对手方面则可称之为"背后术"。

慈禧"休息"后，住进颐和园静心养性表面上不问国政，实则光绪帝在朝廷用人行政上，仍随时禀承慈禧太后，不敢稍加违抗，其"精神实贯注于紫禁城"。

光绪帝的大婚，朝廷上下热闹了一阵子，大礼将成，光绪帝亲政的日子也就到了。1889年3月3日，光绪帝大婚后的第五天，行朝见礼，光绪帝在朝堂上接受了文武大臣的庆贺。3月4日，光绪帝行亲政大典。慈禧太后在慈宁宫接受光绪帝率群臣三跪九叩礼，光绪帝很快还宫，旋即又出御中和殿；接受执事官行礼。随后，光绪帝再御太和殿，乐作，皇帝升座；乐止，鸣鞭三；王公百官行礼，并宣诏颁行天下。

从这一天起，光绪帝正式开始了亲政。在光绪帝亲政后的第一个诏书里，他提到：以后遇到重大事情，仍要请示慈禧太后懿旨。就在宣布亲政的当天，光绪帝当着众王公大臣的面向慈禧太后宣誓：亲政之后，谋国行事都"率由旧章"，决不更改以往颁行的章程。慈禧太后是有心人，她记住了光绪帝的这些话，这为她以后干预朝政和教训光绪帝找到了借口。

慈禧太后宣布"休息"之后，开始住进颐和园以颐养天年。早在1888年的5月起，慈禧太后便开始断断续续地住在颐和园了，光绪帝婚后，慈禧太后先在宫内住了一段时间，不久之后便移居颐和园，游山玩水，并常召梨园戏班入颐和园演戏娱乐。但清王朝的行政大权仍然被慈禧太后牢牢地掌握在手中，光绪仍是处于无权地位。

戊戌变法时光绪帝明发上谕召见袁世凯，伊藤博文抵达天津，荣禄把这两件事均密告慈禧，慈禧态度大变，加紧为发动政变做准备了。

光绪帝第三次召见袁世凯时，已被慈禧严密监视，袁世凯进言："古今各国变法非易，非有内忧，即有外患，请忍耐待时，步步经理，如操之太急，必生流弊。"光绪帝"为动容"。但是一言没发。

袁世凯退下后急忙回津，到天津时已是黄昏，直奔荣禄府第，谒荣禄，迫不及待地尽泄内情。荣禄当夜电告慈禧。慈禧勃然大怒，于翌晨匆匆返宫。召光绪帝愤怒地斥责道："我抚养汝二十余年，乃听小人之言谋我乎？"光绪帝吓得浑身战栗，说不出话来，良久嗫嚅道："我无此意。"慈禧高声地骂道："痴儿，今日无我，明日安有汝乎？"

这一天，即八月初六日，慈禧御便殿召庆王奕劻、端王载漪、军机大臣、御前大臣，这些王公大臣跪于案右。光绪帝跪于案左。同时设竹杖于座前。

慈禧疾声厉色地讯问光绪帝：

"天下者，祖宗之天下也，汝何敢任意妄为！诸臣者，皆我多年历选，留以辅汝，汝何敢任意不用！乃竟敢听信叛逆蛊惑，变乱典型。何物康有为，能胜于我选用之人？康有为之法，能胜于祖宗所立之法？汝何昏愦，不肖乃尔！"

皇帝战栗不已，不知所对。

慈禧把如剑的目光转向跪在地上的王公大臣们。看着这一群老迈昏愦的亲信，她气不打一处来，怒气冲冲地训斥道：

"皇帝无知，汝等何不力谏！以为我真不管，听他败家乎？我早已知他不足以承大业，不过时事多艰，不易轻举妄动，只得留心稽查管束。我虽人在颐和园，而心时时在朝中也。我唯恐有奸人蛊，所以常嘱汝等不可因他不肖，便不肯尽心国事。现幸我还康健，必不负汝等也。今春奕劻再四说，皇上既肯励精图治，谓我亦可省心。我因想外臣不知其详，并有不学无术之人，反以为我把持，不许他放手办事。今日可知其不行矣。他是我拥立者。他若亡国，其罪在我，我能不问乎？汝等不力诤，是汝等罪也。"

王公大臣们匍匐在地，默默承受，不敢应对。

慈禧又把犀利的目光移向了皇帝，恶狠狠地质问道：

"变乱祖法，臣下犯者，汝知何罪？试问汝祖宗重，康有为重，背祖宗而行康法，何昏愦至此？"

一言不发的皇帝觉得应该做点申辩，便战战兢兢地说：

"是固自己糊涂，洋人逼迫太急，欲保存国脉，通用西法，并不敢听信康有为之法也。"

竟敢申辩，嚣张已极！慈禧益发愤怒，声音更加冷厉地说：

"难道祖法不如西法，鬼子反重于祖宗乎？康有为叛逆，图谋于我，汝不知乎？尚敢回护也！"

皇帝吓得魂飞天外，只顾战抖，不知如何应对。

慈禧穷追不舍，厉声问道：

"汝知之乎？抑同谋乎？"

皇帝听不太清，又不敢问，又不能不答，便胡乱地答道：

"知道。"

慈禧不依不饶：

"既知道还不正法，反要放走？"

皇帝随口应道：

"拿杀。"

这其实是一场不准辩白的审判。法官是慈禧，罪犯是光绪帝。

当天，以光绪帝名义发布谕旨，昭示朝廷内外，慈禧实行"训政"。旨曰：

"现在国事艰难，庶务待理。朕勤劳宵旰，日综万机。兢业之余，时虞丛脞。恭溯同治年间以来，慈禧端佑康颐昭豫庄诚寿恭钦献崇熙皇太后两次垂帘听政。办理朝政，宏济时艰，无不尽美尽善。因念宗社为重，再三吁恳慈恩训政。仰蒙俯如所请，此乃天下臣民之福。由今日始，在便殿办事。本月初八日，朕率诸王大臣在勤政殿行礼。一切应行礼仪，著各该衙门敬谨预备。"

同日，又发谕旨，捉拿康有为和康广仁。旨曰：

"工部候补主事康有为，结党营私，莠言乱政，屡经被人参奏，著革职。并其弟康广仁，均著步军统领衙门拿交刑部，按律治罪。"

八月初七日，慈禧又单独审问皇帝一次。

八月初八日，光绪帝率百官在勤政殿恭贺慈禧训政。慈禧又把勤政殿变成了审判庭。这一次，慈禧变了招数，让群臣质讯皇帝，皇帝成了名副其实的被告，威风扫地。慈禧将从皇帝书房中及康有为寓所中查抄的奏章、说帖等件，命群臣质询，逐条审讯。其中有杨锐、林旭依据皇帝的旨意催促康有为迅速出京的信函，慈禧大怒，追问皇帝。皇帝不敢承认，推托说这是杨锐的主意，与己无涉。慈禧又追问围园弑母之谋，皇帝推到了康有为、谭嗣同身上。慈禧极为愤恨，当即下旨，捉拿维新党人。旨曰：

"张荫桓、徐致靖、杨深秀、杨锐、林旭、谭嗣同、刘光第，均著先行革职，交步军统领衙门拿解刑部审讯。"

同时禁皇帝于瀛台。瀛台，位于北京三海，即北海、中海、南海之一的南海。四面环水，北架一桥以通往来。瀛台多树，主体建筑涵元殿位于瀛台的中心。瀛台本是皇室避暑和游览的胜地，但自此以后却变成了囚禁光绪帝的囹圄。光绪帝除了每天被拉去早朝外，便不得自由出入了。慈禧把原来皇帝身边的太监一律撤走看押，另派其心腹太监二十余名监视皇帝。皇帝成了被软禁的囚徒。

慈禧以训政之名，行亲政之实。形式上太后与皇帝并排坐着，像二位君主。但奏对时，皇帝不许说话。有时太后示意皇帝说话，他才勉强说上一、二句。光绪帝成了真正的木偶。这次第二次训政，实则是慈禧太后的第三次垂帘。

拿出狠招治人治心

治人不可丢"准"、"狠"两字，这样才能惩一儆百。

慈禧虽然取得了最高领导权，但面对的却是一个烂摊子，为摧毁太平天国农民起义，为维护岌岌可危的封建统治，慈禧斩杀了何桂清，以明官纪。

何桂清，云南昆明人，道光进士。历任编修、太仆寺少卿、太常寺卿、户部右侍郎、浙江巡抚、两江总督等官职。

1859 年钦差大臣和春、帮办军务张国梁所统率的江南大营以长墙围困天京，天京危急万状。1860 年 1 月底，李秀成仿效围魏救赵故智，决定采用奇袭杭、湖，然后回师反攻江南大营的战略，以解天京之围。1860 年 5 月 5 日江南大营全军溃败，天京解围。和春、张国梁俱死。常州是两江总督何桂清住所，他在此专主饷事，拥兵自卫，坐视不救。陈玉成部欲攻常州，何桂清见大事不好，企图逃走。这时，江苏按察使查文经、江苏布政使薛焕、江南盐巡道英禄、江南粮道王朝纶猜摸何桂清心理联衔禀请退保苏州。这实质是"显系见事已危急，意在同逃"。何桂清得禀大喜，这下子可有了堂而皇之逃跑的理由了。他即想逃往苏州。

在逃跑前，他先把父亲和两妾秘密送往通州，然后张榜禁止迁徙，并派兵严查诸门。听说何桂清要逃跑，绅民耆老数百人，当晚手执香烛赴辕门跪请留常。次日，何桂清亲率部队将逃，绅民顶香跪留者很多。何桂清出不去，"何师怒，遽令开洋枪纵击，死者十九人"。

何桂清逃向苏州，苏州巡抚徐有壬不让进城，并上疏奏劾何桂清。咸丰帝大怒，谕旨将何桂清革职拿问，解京严审。何桂清走常熟，常熟也不纳。后来他声言借兵助剿，逃到上海。咸丰帝上谕将何桂清褫职逮问，但是一拖两年而没有办成。主要原因是咸丰帝北狩和辛酉政变，最高领导者无暇过问此事。

现在政变已大功告成，慈禧太后一再强调整饬政纪，严肃官常。在此情况下，何桂清一案又被提起。

当时江苏巡抚薛焕、浙江巡抚王有龄都是何桂清的旧时属吏，因何桂清的举荐才达到今天的地步，所以都极力包庇何桂清。他们合疏上奏请"弃瑕录用，俾奋后效，以赎前罪"，但言官不饶。给事中郭祥瑞、卞宝第等上疏，追究何桂清罪责。慈禧太后下令于同治元年（1862）五月将何桂清逮入刑部狱。

入狱之后围绕着如何处治的问题展开了一场尖锐的斗争。负责总办秋审的刑部直隶司郎中余光绰是常州人，对何桂清十分愤恨，而他恰好负责此案。他认为仅依据"封疆大吏失守城池斩监候，秋后处决律"是不够的，又加上何桂清击杀执香跪拜父老十九人，忍心害理，罪当加重，拟斩立决。此议一出，上谕大学士六部九卿翰詹科道会议讨论，讨论结果同意刑部决定。这样看来，是可以定罪了。

不承想，突又发一上谕："何桂清曾任一品大员，用刑宜慎。如有疑义，不妨各陈所见。"是有意为何桂清网开一面，抑或是就杀一大臣事，意在引起一场争论，以便造成更大的震动，产生更大的影响？

既然上谕命再议，有人就以为是想为何桂清减刑，便乘机为何桂清翻案。或一人自为一疏，或数人合为一疏，共约十七人上疏为何桂清申辩。其中职务最高、资格最老的是大学士、礼部尚书祁藻。他援引嘉庆帝谕旨："刑部议狱，不得有加重"字样作为理由，意在为何桂清开脱。其他如工部尚书万青藜，通政使王拯，顺天府尹石赞清，府丞林寿图，给事中唐壬森，御史高延祐、陈廷经、许其光、李培佑等都纷纷上疏为之求情。一时形成了一个较强大的声势。这些人的情况不同，有的是私交甚厚，有的是不明是非，有的是兔死狐悲，有的是见风使舵。

面对着这股狂风，御史卞宝第不听邪，独上疏抗论。他针对老臣祁藻疏，痛加驳斥。他认为，道光年间提督余步云、咸丰年间巡抚青麟都是以失陷疆土而被处决的，那时你身为军机大臣为什么一言不发，而单对何桂清如此偏爱，究竟是为什么？卞宝第的上疏传下来，闻者皆以为快。当时太常寺卿李棠阶又上一密疏："刑常大政，不可为谬议所挠。今欲平贼，而先庇逃帅，何以振作中兴将士之气？"

这道密折对慈禧和奕訢影响很大，使他们下定决心要处决何桂清。

但是何桂清申辩，说他之所以从常州逃到苏州，是因为江苏的司道要求他到苏州，以保饷源重地。他引出薛焕等四人禀牍为佐证。这是何桂清能捞到的最后一棵救命稻草了。

慈禧和奕訢表现出了很大的耐性。慈禧太后通过同治帝之口又发下上谕，命两江总督曾国藩查核。曾国藩很快上疏道："苏常失陷，卷宗无存。司道请移之禀，无容深究。疆吏以城守为大节，不宜以僚衡。"这就明确表明他是赞成重治何桂清的。

听了双方的意见之后，慈禧太后经同治帝于同治元年十月二十一日（1862 年 12 月 12 日）发布谕旨："向来停止勾决年份遇有情罪重大之犯，例由刑部开具事由，另行奏闻，请旨正法。乾隆年间，屡奉谕旨，如三十六年，系停勾年份，而官犯王钲等罪无可逭，即予正法。正案可稽。本日刑部具题朝审情实官犯一本内，已革两江总督何桂清一犯，自常州节节退避，辗转逃生，致苏常等郡全行沦陷。迨奉文宗咸皇帝严旨拿解来京，犹敢避匿迁延，迟至两年，始行到部。朝廷刑赏，一秉大公。因廷臣会议，互有异同。酌中定议，将该犯比照带兵大员失陷城寨本律，予以斩监候，秋后处决，已属法外之仁。今已秋后届期，若因停勾之年，再行停缓，致情罪重大之犯，久稽显戮，何以肃刑章而示炯戒？且何以谢死事诸臣暨江南亿万生灵于地下？何桂清著即行处决。派大学士管理刑部周祖培、尚书绵森，即日监视行刑。"

　　这个上谕清楚地说明了何桂清犯的是弃城逃跑罪，此点是明确无误的了。另一条罪状是避匿二年之久。大臣会议意见不一致，后来采取了折中意见，即斩监候，秋后处决。本来这一年正是停勾之年，有的人幻想可以再缓一缓。但慈禧太后决定立即斩掉何桂清，以明官纪。颁下谕旨，于同一天杀了封疆大吏何桂清。

　　有人认为，慈禧杀何桂清是为了翦除奕䜣的羽翼，并说，何桂清同奕䜣的岳父桂良早就"拉上了关系"，因此，奕䜣才照顾何桂清。其实，军机大臣桂良也是主张杀何桂清的，而且更坚决，他的意见是斩立决。在处决何桂清问题上，看不出慈禧同奕䜣有明显的分歧。

大动作产生大效果

　　大动作可以产生大效果。

　　甲申易枢后，慈禧占尽便宜，却骂起盛昱，说他"利口覆邦"，欲

加慈治，慈禧的这一动作非同小可。

一天，慈禧太后又颁发上谕："礼亲王世铎著在军机大臣上行走，毋庸学习御前大臣，并毋庸带领豹尾枪。户部尚书额勒和布、阎敬铭，刑部尚书张之万均着在军机大臣上行走。工部侍郎孙毓汶着在军机大臣上学习行走。"

这就组成了以礼亲王世铎为首的新的军机处。因此次变动发生在甲申年，史称"甲申易枢"，或"甲申朝局之变"。

在发布上述决定的同时，慈禧又发一懿旨："军机处遇有紧要事件，著会同醇亲王奕譞商办，俟皇帝亲政后再降懿旨。"这就是说，醇亲王奕譞成了幕后首席军机大臣。

盛昱上折的本意，认为军机处有错误，但请求给以处罚，而不是要求撤职的。此外，从题目上说是全面评论军机处，而实际锋芒主要是指向李鸿藻的，批评他听信张佩纶的话而保荐唐炯和徐延旭，才导致越南战场的溃败。

现在盛昱看到慈禧利用自己的奏折，将军机大臣全班尽撤，并撤去恭亲王奕䜣的一切职事，大非自己的本意。后来，他又得知新班底由礼亲王世铎为领袖，其余军机大臣为户部尚书额勒和布、阎敬铭，刑部尚书张之万，工部侍郎孙毓汶在军机大臣上学习行走。他将新旧对比，认为新军机人选远不如原军机。于是又上一封奏折，专为恭亲王奕䜣开脱，请慈禧格外开恩予以录用，但作为陪衬，也拉上了李鸿藻。

慈禧见到盛昱的奏折后，大骂盛昱，说他"利口覆邦，欲使官家不任一人"。将奏折撕裂，掷于地上，十天后，御史丁振铎又上疏历陈往事，企图说动慈禧回心转意。

同日还有庆亲王奕劻的上疏。奕䜣被罢黜后，他的职权分别由世铎和奕谖担任。奕劻自认无论在才力和资望各方面都无法与奕䜣相比,同时也认为礼亲王世铎也无法与奕䜣相比。慈禧对他们的要求不予理睬,也不公开奏折。

军机处的改组完成之后,慈禧又对部院大臣进行了调整。李鸿藻的吏部尚书一职由礼部尚书徐桐接任,礼部尚书由左都御史毕道远接任,景廉的兵部尚书一职由理藩院尚书乌拉喜崇阿接任,理藩院尚书由左都御史廷照接任,都察院左都御史则由吏部左侍郎昆冈、祁世长接任。总理各国事务衙门事务由贝勒奕劻管理,内阁学士周德润、军机大臣阎敬铭、许庚身后亦在总理衙门行走。此外对八旗都统也都做了更动。

慈禧在不到半月的时间内,大规模改组政府,完成了清廷最高领导层的重大人事变动。

急需一批挽救危险的人才

人才之多少,直接决定一个集团的内部力量有多大。凡不重视人才的,都会产生内部疲乏的现象,也谈不上什么战斗力。相反,敢于重用人才,就能强化一个集团与人较量的实力。

慈禧推出一系列新政,开始重视人才,认识到了"欲振兴中国,挽救危难,人才是亟须的"。这是以人才为政事之本。

在慈禧太后的旨意下,出台了一系列的新政,主要包括以下几个方面:

第一，改革官制

1901 年 7 月，清政府应帝国主义的要求，撤销总理各国事务衙门，改设外务部，班列六部之首。为适应新政的需要，1903 年设立练兵处，1905 年又增设巡警部（后来改为民政部），在此之间，先后裁撤了河东道总督，云南、湖北、广东三省巡抚等多余的衙门。

从唐代沿袭下来的传统的六部建制到这里完全的瓦解了。但是这种裁旧衙门、添新衙门的做法丝毫没有触动封建专制的政治体制，也没有革除清政府腐败无能的种种弊端，整顿吏治则流于一纸空文。

第二，改革兵制

1901 年，清政府下令停止武举，命令各省筹建武备学堂，并且决定裁减 20% 到 30% 的绿营兵和防勇，建立按照西方国家的营制、采用洋人的训练方法、使用洋枪洋炮的常备军。1902 年，继李鸿章担任直隶总督的袁世凯练好北洋常备军一镇，大约有一万二千五百人，张之洞也练好湖北常备军七千人，成为全国练兵的样板。

1904 年，练兵处和兵部奏准在全国编练常备军三十六镇，后来还制定了按照省份分配的办法。但是除了袁世凯编成的北洋陆军六镇外，各省由于财力物力的限制，大部分没有完成，直到清朝灭亡，总共练成十四镇多一些。

这些新编的常备军泛称为新军。由于新军军官多选用国内外军事学校的毕业生，对士兵要求有某些文化知识，从而为革命知识分子的活动准备了某些条件，最终使新军成为一支反清的力量，这是慈禧太后当初万万没有想到的。

第三，改革学制

主要包括停止科举、设立学堂、奖励留学三项内容。学堂是培养人才之地，欲振兴中国，挽救危局，人才是亟须的。所以对兴办学堂，慈禧给予了高度重视。她认为"人才为政事之本"，"兴学育才，实为当今急务"。

在此思想指导下，她又积极地颁令实办。京师为四方注目之重心，故此必须先行一步，表率全国。所以慈禧指出"京师首善之区，尤宜加意作养以树风声"。为此，特派张百熙为管学大臣，令其"将学堂一切事宜责成经理，务期端正趋向造就通才"。张百熙就任后，积极筹划，未及月余，便上呈了他的办学意见。

即一为预定办法，其办法是将学习内容分为两科。"一曰政科，二曰艺科。以经史、政治、法律、通商、理财等事隶政科；以声光、电化、农工、医算等隶艺科。"为了速出人才，他认为应推行"速成教育法"，即"于预备科之外，再设速成一科，速成科亦分二门，一曰仕学馆，一曰师范馆"。

二为附设译局，他认为"欲求中国经史政治诸学，非藏书阁不足以探讨之资，欲知西国政治工商等情，非译书局不足以广见闻"。因此建议，"惟欲随时采买西书刷印译本，更宜设分局于上海"。

三为广购书籍仪器。四为宽筹经费等。对此建议，慈禧明确批示："著及认真举办，切实奉行。"张百熙在京师大学堂推行后，致使京师大学堂无论从规模、学制、质量上均较前有大的发展，并在实践中形成了一套比较完备的制度。

在整顿兴办京师大学堂的同时，地方学堂也次第兴办。1901年8月，清廷明谕全国："著各省所有书院，于省城均改设大学堂，各府及直隶州均改设中学堂，各州县均改设小学堂并多设蒙养学堂。……著各该督抚学政切实通饬，认真兴办。"

　　既有京师大学堂做表率，又有政府为督办，至 1905 年，不仅京师大学堂卓见成效，而且"各省学堂，已次第兴办"，达数万所之多。在此基础上，清廷又设了学部"以资重率而专责成"。

　　新政初行，人才亟需，这是科举制度所难以解决的问题。于是 1902 年清政府决定废除科举制，明令全国："现在学堂初设，成材尚需时日，科举改试策论。"此谕颁出不久，又有新诏："嗣后乡会试头场试中国政治史会论五篇，二场试各国政治艺学第五道，三场试四书义二篇、五经义一篇。考官阅卷合校三场以定去取，不得偏重一场。生员岁科考试仍先试经古一场，专试中国政治史事及各国政治艺学策论，正场试四书义五经义各一篇，考试庶吉士散馆均用论一篇策一道。进士朝考论疏，殿试策问，均以中国政治史事及各国政治艺学命题，以上一切考试凡四书五经义均不准用八股文程式，策论均应切实敷陈，不得仍前剽窃。"为了堵住科举选仕之路，慈禧又规定："自明年（1903 年）会试为始，凡一甲之授职修撰编修，二三甲之改庶吉士。用部属中书者，皆令入京师大学堂，分门肄业，其在常肄业之一甲进士庶吉士，必须领有卒业文凭，始咨送翰林院散馆，并将堂课分数，于引见排单内注明，以备酌量录用。"这样，仕官之途不再是科举，而是由学堂肄业。至此为止，自隋朝以来一千余年的科举制被正式废止了。

　　第四，兴办商务、矿务事业

　　慈禧新政在经济方面的重要表现就是兴办商务、矿务。商务、矿务是政府财政收入的重要来源之一，在清政府财力匮乏的情况下，兴办商务、矿务尤显重要。因此，慈禧对此较为重视。在责令各地实力兴办商务、矿务的同时，又于 1903 年成立商部，加强对商务、矿务的领导。

　　随后又由商部陆续制订颁发了许多有关商务的章程，使商务、矿务有了一定程度的发展。如四川的商务与矿务就有较为突出的成就。1899年四川就已奏准设立了商务局，招商开办商务，然而"因风气未开，商情不免顿阻"，至 1900 年以后，经实力兴办，方有"矿务大兴"局面的出现。仅煤矿一项，如重庆、邛州、泸州、隆昌各煤矿陆续开办。商务更有发展，如仅商务局下设的白蜡公司一家，"计两年四个月共收解银五万六千余两，较前增至十余倍"。重庆仿西方之法造烟卷，"大批运销上海"，所制洋蜡"颇能合用，若更精益求精，当可抵制洋货"。全国其余各地，商务、矿务兴办且有成效者不乏事例。

第十一章

求实是最令人尊敬的品质

作为领导，不能以虚夸的方式去对待自己的管理工作，否则就会让自己"飘"起来，从而失去下属的信任之心。因此一定要牢记"求实"两字，只有工作更出色，才能产生巨大的影响力。

张之洞的领导心智是：做人必求实，不能空洞无物，更不能说而不做。

在关键时刻不能退缩

退缩有两种情况：一是能退缩，二是不能退缩。前者指一种安身法，后者指一种挺身术。当一个人没有必要与对手发生碰撞的时候，可以选择前者，反之要选择后者。尤其对正气在身的人而言，更应该合理选择。

在张之洞看来，做人要有正气，特别是在关键时刻不能退缩。张之洞就是正气一身，不畏惧对手。这是智慧和经验长期积累的结果。

1879 年他为"东乡惨案"上书鸣冤，陈述真相，使多年的沉冤一朝昭雪。

1875 年，四川东乡县（今宣汉县）发生民众的抗粮斗争。在咸同年间，清政府为了筹集镇压太平天国的军费，在四川横征暴敛。除地丁银外，增加了津贴、捐输和其他杂税，东乡本是川东一个地瘠民贫的穷县，地丁银加上各种税捐也增加了近 10 倍。该县负责征收钱粮的局绅同官吏相互勾结，百端勒索，民众痛苦不堪。1875 年 6 月，东乡农民聚众请愿，向官府提出清算粮账、减轻负担。知县孙定扬谎称百姓聚众谋反。护理川督文格得报后，严令官兵镇压，提督李有恒率官兵驰赴东乡，对无辜百姓实行血腥大屠杀，制造了冤死数百人的大惨案。东乡民众含冤不平，推举代表袁廷蛟进京告状申冤。御史吴镇等川籍京官得知惨案真相，联名参劾文格，清廷迫于舆论，将孙定扬、李有恒革职，文格也自请处分。朝廷另派山东巡抚丁宝桢督川。丁宝桢上任后仍试图将此案大事化小，不了了之。1878 年，张佩纶上书弹劾丁宝桢，请复审东乡一案。朝廷不得不另派告老回乡的前两江总督李宗羲前往东乡复查。李经过明察暗访，基本弄清了事实真相，只得据实奏明。朝廷再派礼部尚书恩承、吏部侍郎童华为钦差大臣赴川复审。两人到川后，官官相护，结果仍是维持原判。

东乡冤案的平反以张之洞的上疏得到了转机。张之洞在四川学政任上，正遇上东乡惨案发生。当他按试到东乡县属绥定府时，应试的东乡童生都不按试题做文，"试卷所书，悉为冤状"。所以他对冤案的真相比较了解。光绪五年（1879 年）五月十一日，张之洞一天之内连上了三折，表示要为四川百姓"痛哭流涕而诉之于天地父母者"。他详细地叙述了惨案的始末，指出了百姓抗粮的原因。他说："此案之查办由于滥杀，滥杀由于诬叛请剿，诬叛请剿由于聚众闹粮，聚众闹粮由于违例苛敛。"并举出四川地方官大量苛征勒索的事实："大率每地丁一两合之津捐杂派大县完多将近十两，中县完少亦须五六两。粮民交纳者，先完杂费，继完津捐，然后许完正赋。杂费不完串票不可得，无串票则官得治以抗粮之罪，其术亦巧而毒矣。"他还指出，"案悬四年，两被京控，三经纠参，两易督臣，三奉查办"，而最终却"舍首恶而不诛，事无真是非，刑无真罪名"。因此"关系极大，不独一蜀"，是有关维系清廷统治的大问题。请求朝廷为了长远利益，严惩制造东乡惨案的罪魁祸首。张之洞的奏折笔锋犀利，有理有据，在清廷中产生了重大的反响，刑部不得不重审此案。清廷承认东乡百姓"闹粮仇斗，并非反叛"，下令惩处有关官员以平民愤：孙定扬、李有恒滥杀无辜，处以斩刑；前护理川督文格革职，川督丁宝桢降四品留任，其余有关知府、总兵、局绅或革职，或充军，沉冤得以昭雪。张之洞也由此而声名大著。

把决心做的事做到底

在这个世界上，一个人想做的事情很多，但是并不是一定都能做到。显然，做到之后皆大欢喜，意味着成功，反之可能会垂头丧气。张之洞的特点是：只要自己想做，就决心把事情做到底、做成功。

张之洞雄心勃勃，希望通过布、纱、丝、麻四局的建立，在湖北形成一套用洋机器生产的纺织工业体系，给社会带来效益。这种敢作敢为的性格，是张之洞的特点。

早在两广总督任上，张之洞在筹办铁厂的同时就酝酿建广东织布局，并拟以向闱赌商派捐的办法来筹款，第一年派捐四十万两，第二年派捐五十六万两。银子还没有收上来，张之洞便奉调武昌。接任的李瀚章不愿办铁厂，也不想办织布局，于是张之洞将铁厂连同织布局一起迁到武昌。因为湖北经费紧张，必须仰仗广东的银子，张之洞遂与李瀚章商议，粤鄂共办织布局，广东省以九十六万两银子捐款作为股份入股，但李瀚章对织布局能否赢利没有信心，反复磋商后同意拿出五十万两银子入股。张之洞不得已在湖北东挪西借，又凑了三十万，才将英国机器的订购款付清，机器前一年已运到武昌来了。但一则缺经费，二则忙于铁厂、枪炮厂分不过心，于是这些机器便只好领进仓库。这下好了，有了八十万盐课和二百万洋款，张之洞如虎添翼，更加放开手脚了。他从中拿出五十万两银子来，立即在武昌城文昌门外兴建厂房。

接下来，张之洞便着手创建纺纱厂。湖北天门、潜江一带历来便是有名的产棉区，所产棉花量多质优。民间纺纱工艺粗糙费时，好棉花却得不到好的使用。那年有人向张之洞建议，棉花是湖北一大财富，不利用太可惜了。现在织布局办起了，棉纱便有了固定的销路。用湖北的棉花纺湖北的纱，用湖北的纱织湖北的布，再将这些布匹向各省销售。纺纱、织布两局都赢了利，又可以补贴铁厂和枪炮厂，还可以办别的事，这是一条正经八百的生财致富之道。于是挨着织布局的旁边，一座规模宏大的厂房又动工兴建了。

随着洋务事业的蓬勃发展，张之洞越来越感到洋务人才的短缺。他和蔡锡勇等人商量，在铁政局旁边兴建一所洋务学堂，取名自强学堂。聘请蔡锡勇兼任学堂总办，以陈念为提调、梁敦彦为总教习，聘请所有从美国回归的留学生为教习。自强学堂设方言、格致、算学、商务四科。以方言为基础科，方言科以西文为主，分英文、法文、俄文、德文四门。因为布、纱、丝、麻四局的原料均来自乡村，农学已成为一门必须讲究的大学问，又因为铁厂和枪炮厂急需一批操作工，张之洞又相继办起湖北农务学堂和湖北工艺学堂。

这期间，炼钢炉已安装好，枪炮厂的机器也全部从美国、德国等国家运来，铁厂和枪炮厂名副其实地投产运行了。

短短的一年多时间里，湖北的重工业、轻工业从无到有勃然兴起，新式学堂由少到多全面兴办，以汉阳铁厂为代表的湖北洋务事业如一股大潮，冲击着一向保守闭塞的荆楚官场士林、城镇乡村，引起各界震动，从而使得两湖风气大变。它又如一道虹霓，闪耀着七彩光亮，高悬在江汉天穹，备受朝野内外、东西南北的瞩目，成为时论舆情的热点、府衙廛市的谈资，或誉或毁，或慕或嫉。总之，都不能轻觑小看，更不能无视它的存在。

后来张之洞又着手兴办既济水电公司，在这之前，有很多人，特别是外国人都盯着在武汉发展水电事业的高额利润，但是张之洞驳回了洋人办水电的申请，理由明摆着，这里的银子不该给洋人。以后三拨申请的虽然打着中国人出资的招牌，走的却是暗中吸收洋股的路子。张之洞查明后，一概驳回。后来有一拨申请时过了关，动工后又被查出空手道后头玩洋股的花样，照样让它停篙摆桨，上岸回家。后来，宋炜臣主持创办的既济水电公司得到张之洞的批准和"政策倾斜"，其原因很简单：它确是中商自己投资，而且资金到位。

同样有名的"纱布丝麻四局"的创建，也是出于"保护利权"的考虑。四局之中，最先开办的是布局。当洋货输入，大受国人欢迎的时候，一般士大夫会有多少人想到事关国家利权？而张之洞早在担任两广总督时就奏请建立织布局。他在奏折中这样写道："窃自通商以来中国之财溢于外洋者，洋药而外，莫如洋布洋纱。""既不能禁其不来，唯有购办机器自办。"

纱局、丝局、麻局的相继诞生，无不是为着增产增效。更为重要的是它为武汉纺织工业的发展打下了牢固的基础，没有它的滥觞，就没有武汉作为全国继上海、天津之后第三大纺织工业基地的地位。

1890 年，张之洞提出在湖北北部架设电线，他说，长江水线虽然经过武汉，但线路偏在南部（包括宜昌、沙市）。襄樊属"楚边重镇"，与陕、豫界连，与省城陆程 700 里，水程近千里，呼应不灵。张之洞奏请由上海电报局集资在襄阳、武汉之间架设电线，邻省可贷款 1 万两做周转资金。当年架通，并延至老河口＋长 458 里。同年，又开始架设从沙市经益阳、长沙至湘潭的湘鄂路线。张之洞另在省内架设了宜都至长阳、施南至利川等线路。此外张之洞还在武汉三镇设立电话局，后改为电话公司。湖北省的近代电讯事业在张之洞督鄂期间有了长足发展。

大型企业固然是张之洞所热衷兴办的，与人民生活有关的中小型企业，张之洞也积极提倡。如在白沙洲办湖北造纸厂，在汉阳赫山办湖北针钉厂、湖北官砖厂，在下新河办湖北毡呢厂，在兰陵街（现解放路）办武昌皮革厂，在汉口办湖北模范工厂、贫民大工厂等等。1908 年，张之洞还鼓励和资助宋炜臣创办燮昌火柴厂。

守住"谨慎"两字

> 领导做人需要牢记"谨慎"两字，一步一步地走稳自己的脚步，否则就可能会冒失，会造成终身大错。张之洞认为做事需谨慎，否则就会遭到算计。谨慎处世，不让人抓住把柄，以免后患无穷。

立宪事关根本政治体制改革，牵涉到统治集团的切身利益，不可能一蹴而就。张之洞"善趋风势"，赞成立宪。在清末的督抚大臣中，他是对立宪政治考察较早，认识较深的人物之一。

从人际关系看，张之洞与立宪派有着广泛的联系，其幕僚赵凤昌、郑孝胥等是立宪派的骨干人物，郑孝胥还担任了预备立宪公会的会长。张之洞与立宪派领袖张謇关系也较密切，曾互访商谈立宪大计。张之洞于 1909 年临终前口授遗折，推举吏部尚书陆润庠、法部尚书戴鸿慈可以继其相位，又举前两广总督岑春煊继其军机大臣，这些均为积极主张和策划立宪之人物，其遗折中还有"立宪为维新之本，不可视为缓图"等语。

张之洞主张立宪法、设议院的态度是明朗的，要求也是迫切的，其谨言慎行并未掩盖他的基本立场和态度。这点还可以从时人的评论中得到佐证。刘成禺在《世载堂杂忆》中说，庚子以后，"预备立宪之风乃大盛。废科举、试特科、引用留学生、设资政院及省谘议局，以为君主立宪张本；复派五大臣出洋考察宪政，以新外人耳目。凡此诸端，胥由张之洞、袁世凯合折奏请，或赞同办理"。此话大抵符合史实。

清廷发布预备立宪上谕的第二天，便颁发了改革官制的谕令。命载泽、荣庆、奎俊、铁良、徐世昌、陆润庠、袁世凯等诸大臣共同编纂改革官制方案，又令端方、张之洞、周馥、岑春煊等督臣派司道大员进京随同商议。在恭王府设立编制馆，确定编制机构和人员，最后由奕劻、瞿鸿禨、孙家鼐总司核定。总原则是参仿君主立宪国的官制厘定，先从行政、司法各官开始。最后制定的京朝官制是：内阁，设总理大臣一人，左右副大臣各一人。对此项重要改革，慈禧阅后认为，军机处自雍正年间由内阁分设，"相承至今，尚无流弊，自毋庸复改内阁。军机处一切规制，着照旧行"。其他各部依次为：外务部、吏部、民政部、度支部、礼部、学部、陆海军部、法部、大理院、农工商部、邮传部、理藩部、都察院，并设资政院、审计院、军咨府。

接着，又编定地方官制。分两层办法，第一层为各省设行省衙门，督抚总理政务，略如各部尚书，藩臬二司略如各部丞；合并各司道局所，分设各司，酌设官，如参议者领之，司以下设曹，以五品至九品官分掌之；每日督抚率属官，定时入署，共同商议各事；各府州县公牍直达省；每省设高等审判厅，受理上控案件，行政司法，各有专职。第二层办法是：督抚经管外务、军政，兼监督一切行政、司法；布政使管民政，兼管农工商；按察使专管司法方面的行政，监督高等审判厅；设财政司，专管财政、交通；学、盐、粮、关、河各司道仍照旧制。

地方官制改革方案电达各省后，各督抚反映意见不一，有的主张采用第一层办法，如岑春煊、赵尔巽、程德全等。有的主张用第二层办法，如锡良、陈夔龙等。有的则主张第一、二层参酌使用，如杨士襄、庞鸿书等。各自又提出了一些实行时的困难，如财力不足、人民程度低及司法独立不易等。

张之洞对地方官制改革的方案提出了诸多异议，基本持反对态度。他在 1907 年 1 月 2 日致军机处厘定官制大臣的电文中说："此次官制之应如何改定，自以有关于立宪之利害为主，其无关宪法者，似可不必多所更张，转致财力竭蹶、政事丛脞、人心惶扰。"因而主张缓进、审慎行事。如他不同意裁撤知府，认为"一府所辖，少则四、五县，多至十县，各县距省遥远，极远者至二、三千里，赖有知府犹可分寄耳目，民冤可申理，灾荒可覆勘、盗匪可觉察"，因而撤知府"势有难行"。又如合并各司道一事，他认为各司各自有印，各自有稿，若合为一署"无此广大廨舍能容许多官吏，能存许多案牍"，再如各省高等审判厅一事，他认为"一省之中臬司即为高等审判厅矣，另设一厅何为"，至于第二层办法，他认为"尤多窒碍之处，民政以警察为大端，乃臬司分内事，今乃不属臬司而属藩司，理财乃藩司分内事，今乃不属藩司，而又别立财政司……藩、学、臬、运、粮、盐、关、河权限本自分明，不相混淆，乃亦议改变则尤可不必矣"！总之，他认为改革官制各条，"似不尽与立宪关涉，窃谓宜就现有各衙门认真考核，从容整理，旧制暂勿多改，目前先从设四乡谳局选议绅、董事入手，以为将来立宪之始基，如能实力奉行，此尚是达民情、采公论之实际，亦可稍慰环海望治之心"。同年2月6日，他再次致电军机处厘定官制大臣和袁世凯，对设高等审判、地方审判和司法独立问题"不胜骇异"。他认为："中国民智未尽开通，爱国者固多，而持破坏主义、志在乱国者亦复不少。方今革命党各处蠢动，沿江沿海伏莽繁多，凡内地获一乱党，必有海外学生联名干预，甚至外人出头保护，……裁判各员中难保无学术不纯、心思不端者，每遇拿获逆党，必将强引西律曲贷故纵，一匪亦不能办，不过数年，乱党布满天下，羽翼已成，大局倾危，无从补救，中国糜烂、利归渔人，是本意欲创立宪之善政，反以暗助革命之逆谋。"因此，他主张艾十年以后再推行高等审判。他还表白说："窃惟立宪，良法也，美名也，谕旨预备立宪固海内臣民之所欣愿，洞略晓时局，尤望其早见实际者也。……此电尤于裁判司法独立一节不惮苦口力争，非阻立宪也，盖深盼立宪之局之必成者，莫洞若也。"

综上所述，从张之洞对官制改革的态度来看，是否可以这样认为：张之洞在理论上认识到立宪乃大势所趋，必须推行，但在实际上又顾虑重重，主张稳妥缓进；他对中央官制改革没有提出多少异议，而对地方官制改革却诸多非难，并认为有些改革与立宪无关，从中体现出其矛盾心态和具有难言之隐。

恪守该恪守的一切

有人贪婪，不守法度，只是一味地膨胀自己的私欲，这种人是离人心而去的。大家皆知，做人应当恪守原则，这样才能树立好形象。

张之洞就非常注意这方面的问题，以中庸做人为原则。张之洞曾对僚属归纳自己"所办之事皆非政府意中欲办之事，所用之钱皆非本省固有之钱，所用之人皆非心悦诚服之人，总之不外中庸勉强而行四字，然所办各事亦颇有竟睹成功者，真微幸也"。"真微幸"是表面文字，内心对于治术精到的真得意，才是实际思想。"中庸"本为儒家思想体系的核心范畴之一。孔子称："中庸之为德也，其至矣乎！"《礼记》又加以发展，不仅以中庸为最高美德，而且以中庸作为处理万事万物的基本原则与方法，"君子尊德性而道问学，致广大而尽精微，极高明而道中庸"。宋儒程颐、程颢解释："不偏之为中，不易之谓庸。中者，天下之正道；庸者，天下之定理。"张之洞可谓尽得"中庸"精髓。他有诗曰：

舌以柔而存，齿以刚而亡，
健顺贵兼济，祸福岂有常，
……
精金能屈伸，百炼仍无伤，
君子有卷舒，帝王有弛张。

他以"中庸"行政："事欲常行必先从暂行起，欲停办必先从缓办起，百事皆然，历之不爽。"裁汰练军、勇营，不可"过骤"，"裁兵不裁官，裁散不裁整"，"百人裁五，限二十年而竣"。办新教育，先从改旧书院始，"令守道之儒兼为识时之俊"。他以"中庸"治吏："水清者无鱼，人察者无徒"，"隋文好聪察，肘腋忘独孤，卫君辨白马，无救国为墟，王道如春台，亡国如秋荼，法烦乱愈生，徒快巧吏胥"。他以"中庸"谏主："高论不启蒙，强谏不悟主"，"既遇讳疾人，岂御药酒苦，强教欲觉迷，徒受按剑侮，知心一言善，庋时三策腐"，"躁隐两不佯，叩鸣视所舆"。他甚至这样以"中庸"总结为臣之道："不聪不明不能为王，不痴不聋不能为公！"话说到这个份上，实在令人叹为观止。

张之洞为官一生，十分注意博取口碑，维护自己的廉正形象。无论抚晋、督粤、经营荆楚，还是入赞廷枢，他都颇得人望，"一时称贤"，在民众心目中，大体保持了廉洁清正的声名。他在一封给侄子的信中，于谆谆告诫之间，相当自得地描述了自己的官风：

> 良民颂声载道，公事无瑕可指，虽有强宗、讼棍，彼何能为。至于绅士之十分狡狠者，若自揣力不能锄去而降伏之，则亦不能不略用笼络驾驭之法，免致挠我政事。……既不恋缺，更可放手办事，专心为民，即使将钱漕赢余减去大半，亦不过与无缺等，尚落得口碑载道，万家尸祝也。……州县处处克己恤民，劣绅何从挟持煽动哉。倅能禀请减少征收，又能捐巨金办缉捕破重案，已是探骊得珠，闻之深为欣慰，勉力为之，必然与地方日臻浃洽，……须知声名功德是本官的，余光治润是众人得耳。

这一长篇自白，道出张之洞数十年为官治民的经验之谈，勾勒出他作为集儒臣与能吏于一身者，既重立功立言，更重立德的内心世界。对于这种心态，不可用"求虚名"一言以蔽之。诚如张之洞所言，为官清正所获得的"声名功德"固然属于为官者，而其功其德却造福于百姓，"余光治润是众人得耳"。